KB119068

돈의 사이클

**불황에 공부하고
호황에 버는
반복의 법칙**

돈의 사이클

이재범(핑크팬더) 지음

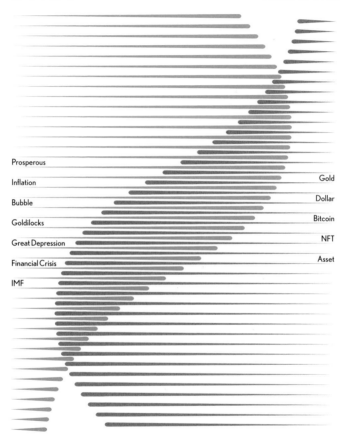

Prosperous

Inflation   Gold

Bubble   Dollar

Goldilocks   Bitcoin

Great Depression   NFT

Financial Crisis   Asset

IMF

**코스피 3000 시대는 반드시 돌아온다!
사이클만 알아도 잡는 부의 기회**

위즈덤하우스

프롤로그

역사는 반복된다

나는 경제와 경기 사이클이 존재한다고 믿는다. 우리가 살아가는 세상은 돌고 돈다. 지금 우리가 겪는 많은 일은 과거에 똑같이 벌어진 적이 있다. 우리가 매번 새롭다고 느끼는 것은 과거에 일어났던 일이 돌아올 때마다 다른 모습이기 때문이다. 성형 수술을 하고 나타난 사람을 금방 알아보기는 힘들다. 하지만 겉모습이 달라졌을 뿐이지 본모습이 변한 것은 아니다. 천성이 어디 가지 않는 것과 마찬가지다. 일정한 시간 간격을 두고 같은 현상이 반복적으로 벌어지지만 늘 깨닫지 못하는 이유다.

기술과 금융의 발전은 경기 사이클을 더 빠르고 짧게 만들었다. 호황과 불황의 폭이 크고 주기가 짧아졌다. 안타깝게도 우리는 이런 사이클을 거의 대비하지 못한다. 그럴 수밖에 없는 이유는 작년에 벌어진 일을 기억하지 못하는 것과 같다. 워낙 빠른 속도로 복잡하고 새로운 사건이 터져 과거를 복기할 시간도 없다. '역사는 반복된다'라는 서양 속담처럼 제대로 인식하지 못할 뿐, 경기 사이클에서 호황과 불황은 반복된다. 호황이 오면 분위기가 오래 유지될 것처럼 다들 들뜬다. 불황이 오면 당장이라도 죽을 것처럼 공포에 휩싸인다. 어느 쪽도 무한정 유지되지는 않는다.

'새옹지마'라는 고사성어가 있다. 노인이 기르던 말이 도망가자 사람들은 노인을 위로했다. 정작 노인은 오히려 복이 될지도 모른다고 말한다. 도망간 말이 얼마 후에 야생마들과 함께 돌아왔다. 사람들이 부러워하자 노인은 이 일이 재앙이 될 수도 있다고 말한다. 정말로 노인의 아들이 야생마를 타고 다니다 낙마해서 절름발이가 됐다. 노인은 자신을 위로하는 사람들에게 이 일이 복이 될 수도 있다며 괘념하지 않는다. 얼마 후 오랑캐가 쳐들어오자 나라에서 남자들을 전부 징집했지만 노인의 아들은 데려가지 않았다. 인생을 살다 보면 좋을 때와 나쁠 때가 교차하면서 반복적으로 우리에게 다가온다.

'소 잃고 외양간 고친다'라는 속담이 있다. 소를 잃은 다음에 외양간을 고치는 건 의미가 없다는 뜻이다. 인생이 찰나의 순간에 불과하다면 그 말이 맞는다. 하지만 인생은 길다. 지금이라도 외양간을 고친 후에 소를 다시 잃지 않으면 된다. 많은 사람이 호황이 올 때마다 제대로 누리지 못하고, 불황이 올 때마다 대비하지 못해 힘들어한다. 인생을 살면서 불황이 딱 한 번만 온다면 잠시 참으면 된다. 하지만 특별한 일이 없다면 성인이 되고 경제 활동을 하면서 불황을 4~5번은 경험한다. 그럴 때마다 실수를 되풀이한다면 그것만큼 바보 같은 일도 없다. 실수를 되풀이하지 않으려면 알아야 한다. 아는 만큼 보인다. 과거를 돌아보면 지금을 알 수 있다. 조금 다른 모습으로 우리를 찾아올 뿐 본질은 언제나 같다. 세계 경제는 사이클을 여러 차례 반복했다. 시간이 지나도 사람들은 제대로 사이클을 인지하거나 인식하지 못하면서 어려워한다. 알고 있다면 최소한 대비할 수는 있다. 이를 위해 과거부터 하나씩 살펴보려고 한다.

자본주의가 시작된 이래로 가장 큰 경제적 위기가 대공황이었다. 미국에서 시작된 대공황은 엄청난 파급 효과를 전 세계에 불러일으켰다. 그 이후 아직까지 대공황이 온 적이 없는데도 경제가 위험하면 여전히 대공황 이야기를 할 정도로 인류 역사에서 경제적 트라우마를 깊숙이 남긴 사건이다.

일본은 경제 규모로 세계 2위를 차지할 만큼 대단한 국가였다. 미국을 위협할 정도로 엄청난 성장을 거듭했다. 국가적인 버블이 생기고 자산 시장의 가격이 눈부시게 상승했다. 국민이 돈을 흥청망청 쓰던 행복한 시기였다. 호황이 끝난 후 일본의 현 상황은 '잃어버린 30년'이다. 개인 소득은 늘어나지 않고 국가 경제도 성장하지 못한다. 이 책에서는 왜 이런 일이 일어났는지 함께 살펴볼 것이다.

골디락스 경제로 긴 시간 물가는 안정되고 경제는 성장한 미국이었다. 이를 바탕으로 정부는 전 국민이 다 잘살기 위한 노력을 기울인다. 그 방법 중 하나가 주택 구입이었다. 주식이나 주택 등의 자산 가격이 상승하면 실제로 소득이 늘어난 것은 없는데도 부자가 됐다는 착각에 소비를 더 많이 하는 현상이 일어난다. 이러한 효과를 '부의 효과(Wealth Effect)'라고 부른다. 이 시기는 부의 효과에 힘입어 빈민층도 주택을 구입하는 데 혈안이 될 정도였다. 안전하다고 여겼던 주택 시장에 버블이 생기고 터지면서 금융은 물론이고 실물경제에까지 커다란 여파가 미쳤다. 그 과정을 따라가는 것만으로도 의미가 있다.

미국에서 출발한 금융위기는 전 세계로 퍼졌다. 경제적으로 취약한 국가부터 무너졌다. 유럽에서도 똑같았다. 유럽 각국은 대출을 무리하게 끌어들여 자산에 투자한 상황이었다. 일부의 이익을 위해 국가의 돈을 축낸 일도 비일비재했다. 엄격하게 통제된 금융 시장에서 벗어나기 위해 외국의 위험한 투자 상품을 안전하다며 매수한 국가도 있었다. 모두 안전하다고 여기면서 탐욕을 부린 기관과 사람들에게 파멸이 온 순간이었다.

지속적인 성장을 거듭하던 한국에 찾아온 IMF 외환위기를 좋게 표현하면 국가의 체질을 개선한 사건이었다. 이전까지 기업은 대출을 통해서라도 과감히 자금을 조달해서 투자를 했다. 수많은 일자리가 사라지고 기업은 부도가 났다. 겨우 제정신을 차리고 경제를 성장시키던 중에 터진 미국의 금융위기는 한국에게도 영향을 미쳤다. 한국이 잘못을 한 것도 없는데 수출이 힘들어지고 경제가 어려워졌다. 그 이유를 따져볼 것이다.

싫어도 좋아도 알아야 할 기본적인 경제 상식이 있다. 인플레이션, 금리, 환율이다. 나에게 별다른 영향을 미치지도 못할 것 같지만 아니다. 절대적이다. 경제 활동에 막대한 영향을 미쳐 내 자산까지도 움직인다. 인플레이션, 금리, 환율이 결합하면서 작동하는 사이클은 내 생활을 지배한다. 여기에 미국은 강력한 원인이 된다. 미국의 경제 상황에 따라 내가 먹고사는 것까지 관련성이 있다는 것을 이 책을 통해 알게 될 것이다.

과거에 어떤 식으로 사이클이 펼쳐졌는지 알았다면 '어떻게 해야 할 것인가'를 결정하는 일만 남았다. 각 자산에 따라 선택할 몫은 다르면서도 같다. 부동산, 주식은 언제나 우리에게 밀접하게 연결되어 있다. 이를 소홀히 하고 잘살기는 어렵다. 추가로 블록체인을 통한 신기술이 향후 어떻게 전개될지도 알아볼 것이다. 이 책을 덮을 때는 호황과 불황이 어떻게 반복적으로 교차하면서 우리를 찾아오는지 깨닫게 될 것이다. 조지 버나드 쇼는 이런 말을 했다.

"역사가 되풀이되고 예상치 못한 일이 반복해서 일어난다면 인간은 얼마나 경험에서 배울 줄 모르는 존재인가."

안타깝게도 경제 사이클은 10~20년에 걸쳐서 반복된다. 되풀이되면서도 바보처럼 또다시 당하는 이유다. 경험에서 배울 줄 모른다기보다는 망각한다. 작년에 벌어지고 올해에 다시 반복되면 누구나 쉽게 대처하겠지만 경제 사이클은 몇

년 동안 진행된다. 이를 기억하는 사람은 드물다.

이 책을 읽고 역사적으로 반복되는 호황과 불황의 사이클을 유념해서 대처한다면 나의 소중한 자산을 지키는 데 도움이 될 것이다. 모르고 당할 때가 제일 억울하다. 나에게 왜 이런 일이 생겼는지 모른 채 눈만 껌뻑거려야 한다.

지금의 경제 상황이 불황이라면 용기를 갖고 호황을 대비하면 된다. 지금의 경제 상황이 호황이라면 서서히 조심하면서 하락을 준비해야 한다. 호황과 불황에 어떤 일이 벌어졌는지는 곧 알게 될 것이다. 이를 바탕으로 준비하면 된다. 이 책이 여러분에게 과거를 통해 미래를 준비하고 현재를 대처할 수 있는 밑바탕이 되길 바란다.

모두에게 즐거운 여행이 되기를.

1부

대공황

경제는
인과관계가 아니다

대공황

1936년 농촌 캠프의 플로렌스 톰슨은 동공에 초점도 없이 먼 허공을 멍하니 응시했다. 끼니를 걸러 힘이 없는 세 아이는 엄마에게서 떨어지지 않으려고 매달렸다. 큰아이는 왼쪽 어깨에 둘째 아이는 오른쪽 어깨에, 막내는 엄마 품에 안겨 곤히 잠든 것처럼 보이지만 사실은 배가 고파 지쳐 쓰러진 모습이었다.

플로렌스의 이야기는 〈이주민 어머니(Migrant Mother)〉라는 사진으로 유명해졌다. 이 사진이 담은 풍경은 대공황 시절에 너무 흔한 모습이었다. 사람들은 전부 얼어붙은 주변 들판에 조금이나마 남은 채소와 힘들게 잡은 새로 끼니를 해결했다. 이마저도 없어 자동차의 타이어까지 팔아야 했다.

공황은 두려움이나 공포로 인해 갑자기 생기는 심리적 불안 상태를 뜻한다. 경제에서는 경기가 순환되는 과정에서 나타나는 혼란을 가리킨다. 공황이 오면 상품 생산과 소비의 균형이 깨지면서 산업이 침체되고 금융이 혼란에 빠져 파산이 속출하여 오랜 기간 유지된다. 영어로는 Depression이고 우울증, 불경기라는 뜻을 지니고 있다. 여기에서 더 나아가 The Great Depression, 즉 대공황은 공황을 뛰어넘는 심각한 경기 침체를 말한다.

단어가 전달하는 힘은 강력하다. 공황이라는 표현도 듣는 사람을 움찔하게 만드는데 대공황은 공포를 느낄 정도다. 이 표현은 자본주의가 시작된 이후에 나왔다. 자본주의는 대략 16세기 이탈리아에서 시작되었다고 본다. 이렇게 볼 때 자본주의 역사 500년 동안 대공황은 딱 한 번 왔다. 단 한 번이지만 워낙 강력한 여파를 전 세계에 미쳤기 때문에 여전히 공포가 남아 있다. 그래서 경제에 조금이라도 문제가 생길 듯하면 어김없이 대공황이라는 단어가 소환된다. 대공황을 자세히 알지 못하는 사람들도 겁을 먹고 사회 전반에 공포가 퍼진다.

주가 폭락, 은행 파산, 수많은 실업자, 급식을 먹기 위해 길게 줄을 선 남루한 사람들. 이런 장면은 대공황의 겉모습만 보여줄 뿐이다. 자본주의 사회를 사는 우리에게는 대공황이 벌어진 1929년부터 1939년까지 어떤 일이 벌어졌고 이 일이 무엇 때문에 생겼는지 아는 것이 중요하다. 하지만 대공황을 탈출한 배경은 물론이고 그 이후 거의 100년 동안 대공황이 다시 발생하지 않은 이유를 말하는 사람은 없다.

인과 법칙

아쉽게도 경제는 인과 법칙이 통하지 않는다. 하지만 사람들은 인과 법칙을 제일 좋아한다. 누구나 나에게 벌어진 일을 이해하길 원한다. 결과가 있다면 그 이유를 궁금해하는 것은 당연하다. 경제에서 벌어지는 수많은 일은 인과관계보다는 복잡계에 조금 더 가깝다. 중국에 있는 나비의 날갯짓으로 미국에 태풍이 분다는 표현처럼 세상에는 도저히 인과를 따질 수 없는 일이 많다.

대공황도 딱 부러지게 하나의 원인을 파악하기는 힘들다.

여러 가지 원인이 있었다. 모두가 힘들었다는 사실만은 확실하다. 누구 하나 힘들지 않은 사람은 없었다. 다시는 경험하고 싶지 않았다는 사실만큼은 분명하다.

하락이 오려면 이전에 상승이 있어야 한다. 마찬가지로 대공황이 오려면 경기 확장기가 먼저 있어야 한다. 경기 확장기 덕분에 경제가 좋아지고 사람들이 미래를 긍정적으로 전망하면서 공격적으로 투자한다.

욕망이 넘쳐 탐욕의 시기까지 간 후에 하락이 오면서 경기가 큰 폭으로 떨어질 때 대공황이 왔다. 여러 가지 장치를 한 덕분에 세계 경제에 경기 침체는 와도 대공황을 두 번 겪지 않고 지금까지 왔다. 인간은 과거에 많은 경험을 쌓아 이를 연구하여 되풀이하지 않도록 노력한다.

경기 침체 자체는 자본주의 역사에서 피할 수 없다. 과거에도 개별 국가가 경기 침체를 넘는 공황을 겪었지만 국지적이었다. 지금과 같이 전 세계가 하나의 밸류체인으로 엮인 상황에서는 파급 효과가 과거와는 비교도 되지 않는다.

일정 경제 규모 이상의 국가가 위기에 빠지면 단순히 한 국가의 문제로 끝나는 것이 아니라 전 세계적으로 파급 효과가 크다. 반대로 생각하면 지금처럼 달러로 세계의 패권국가가 된 미국이 대공황까지 가지 않는다면 다른 국가가 그렇게 되기는 쉽지 않다. 세계 주요 국가인 G20에 해당하는 국가라면 동일한 파급 효과를 갖기 때문에 세계적으로 늘 주시하고 문제가 발생하면 해결하기 위해 노력한다.

한국도 G20에 속하는 국가라 한국만의 문제로 대공황이 일어날 가능성은 없어 보인다. 미국이나 중국의 상황으로 대공황이 올 가능성은 배제할 수 없다. 이런 경우에도 지금까지 역사를 볼 때 과거 대공황 수준의 재난을 재현하기는 힘들어 보인다.

일단 대공황에 관해 조금 더 알아봐야 대공황이 재현되기 왜 힘든지 깨달을 것이다. 대공황이 발생하기 전 징후나 대공황이 야기했던 문제점, 대공황을 이겨내기 위해 시도했던 많은 정책과 제도. 이런 것들이 어떤 효과를 낳았는지 알아야 한다. 효과가 없는 대처를 이제 와서 다시 반복할 필요는 없을 테니 말이다.

이에 관해서 이미 수많은 연구가 있다. 미국의 금융위기 당시에 연방준비제도 의장이 된 버냉키는 대공황을 집중적으로 연구한 인물로 유명했다. 이를 통해 무엇을 해야 하는지 알고 실행한 결과, 조금 더 빨리 금융위기에서 탈출했다.

대공황은 당시를 살던 사람에게는 엄청난 피해와 감당할 수 없는 어려움을 선사했다. 덕분에 후대를 살아가는 우리는 이를 반면교사 삼아 다시는 되풀이하지 않았다. 대공황 앞뒤로 제1차 세계대전과 제2차 세계대전이 있었다는 점도 중요하다. 둘 다 경제가 바닥을 쳤다는 뜻이었고 전쟁이 끝났을 때는 살아남는 것만이 유일한 선택이었다. 다시 나락으로 빠질 수도 있었지만 세계는 극복하여 현재와 같은 생활 수준을 만들었다. 대공황 때와는 비교도 되지 않을 정도로 세계 경제는 커졌고 하나의 블록처럼 이어졌다. 충격은 더욱 클 수 있다. 이를 우려하는 것은 너무 당연하다.

　　경제학자는 아니지만 역사를 되짚어봤을 때 세계가 대공황에 다시 빠질 일은 없다는 것이 내 결론이다. 이런 결론을 내리기에 앞서 대공황에 관해 하나씩 조금 더 알아보면서 이 책을 읽는 여러분도 나와 같은 결론이 나올지, 다른 결론이 나올지 함께 여행을 떠나보자. 먼저 대공황이 공식적으로 터진 1929년 이전의 사건부터 함께 살펴보겠다.

상품 가격의
하락

제1차 세계대전

1914년 4월 오스트리아 황태자 부부가 사라예보에서 암살
당하자 같은 해 7월 오스트리아가 세르비아에 전쟁을 선포
했다. 제1차 세계대전의 시작이었다. 이 전쟁은 1918년 11월
독일의 항복으로 마무리되었다. 전쟁으로 피폐해진 경제는
1919년에서 1920년 사이에 좋아졌다. 전쟁 기간에 모든 생
산품을 전부 소진했기에 이를 보충하려 온갖 자재를 모든 국
가가 구입하려 했다.

미국과 영국은 특히 심했다. 이런 상황에서 물가도 급등했다. 수요가 넘치니 물건이 부족해져 투기까지 벌어졌다. 시장에 공급이 늘어나면서 물가는 다시 하락했다.

여기에 제1차 세계대전 이후 전쟁 배상금 문제가 오랜 시간 동안 대두되었다. 또한 전쟁 당시에 발행한 전쟁 채권을 어떻게 처리할 것인지도 문제가 되었다. 국가마다 사정이 달라 어떻게 해결할 것인지를 두고 줄다리기가 한창이었다. 문제가 해결되지 않아 각국의 환율이 흔들리며 통화 가치도 불안정했다.

독일은 패전국으로서 부담해야 할 배상금과 전쟁 비용뿐만 아니라 국가를 재건할 비용 등이 다 필요했다. 이와 함께 물가 상승률은 일반적인 인플레이션을 넘어 하이퍼인플레이션이라고 할 만큼 치솟았다. 1923년에 독일에서 식빵 하나를 사려면 마르크화 지폐를 수레에 가득 채워 지불해야 했다.

금본위제

1925년을 전후로 많은 국가가 금본위제로 복귀한다. 전쟁 전후 인플레이션으로 포기했던 금본위제를 다시 실행하자 통화가 안정되며 대부분 국가의 경기가 좋아졌다.

반면에 영국, 일본 같은 곳은 상대적인 통화 과대평가로 힘들었다. 영국이 전쟁 이전 수준의 통화 가치를 유지하면서 금본위제로 복귀한 결과였다. 지지 않는 태양이라는 영광을 여전히 포기할 수 없었던 영국의 오만이었다. 파운드화 가치가 높으니 수출이 안 되고 공장이 문을 닫으며 실업률이 엄청나게 증가했다. 독일, 이탈리아, 오스트리아의 국가 경제도 전쟁 채무와 배상금으로 휘청거리며 위태로웠다.

　금본위제에서는 위기가 왔을 때 경기를 부양하는 팽창 정책을 쓰지 못하고 긴축을 해야 한다. 금이 유입되면 통화 팽창 정책을 써야 하고, 금이 유출되면 긴축 조치를 해야 했기 때문이다. 금은 당시에 유일한 공통 화폐였다. 외국의 자산 보유자들이 해당 국가의 자본을 빼서 다른 국가의 통화나 금으로 전환하는 걸 막아야 했다. 이를 위해서는 경쟁력이 있는 금리를 제시해야 한다. 이런 상황에서 영국의 파운드화는 고평가되어 있었고 프랑스의 프랑화는 저평가되어 있었다.

　영국이 이처럼 어려운 상황에 처해 있을 때 미국이 금리 인하를 단행했다. 이로 인해 영국의 자본 유출이 멈추고 오히려 유입될 뿐만 아니라 금도 빠져나가지 않고 다시 들어왔다. 미국의 이런 결정은 자국의 경기 침체와 상품 가격의 하락세를 막으려는 노력이었다. 금리를 인하하면서 주식 시장의 상승세가 1928년부터 시작됐다. 신주 발행도 엄청나게 증가했다.

주식 시장의 상승은 자산의 가치가 상승해서 소비가 늘어나는 부의 효과를 불러일으켰다. 그리고 앞으로 소비가 더 확대되리라 사람들이 기대하게 만들었다. 이와 더불어 신용이 확대되며 소비가 더욱 팽창했다. 시중에 있는 돈이 주식 시장으로 유입되면서 통화의 총량은 큰 차이가 없었지만 흡수된 자금이 경제에는 오히려 긴축 압력을 가했다. 금본위제에서 벌어진 현상이었다. 다우존스지수는 1928년 연초 191에서 1929년에는 최고 381까지 기록해서 거의 2배나 상승했다. 금에 연동되던 당시의 통화 특성상 이런 주가 상승은 다소 위태롭다고 봐야 했다.

농업의 위기

산업자본주의 시대였다 해도 농업은 경제의 중요한 한 축이었다. 많은 사람이 농업에 종사하고 있었다. 농산물 가격이 하락하자 당시에 각 국가는 관세를 인하해서 원활하게 무역을 해야 한다는 주장을 무시하고 서로 관세를 인상했다.

이로 인해 농장주는 심각한 부채에 시달렸다. 상품을 제대로 팔지 못하게 된 농장주는 농장을 담보로 잡아 대출을 받았다. 대출을 상환하지 못하는 농장주가 속출하면서 일자리를 잃는 사람이 수없이 쏟아졌다. 호주, 아르헨티나와 같은 농업 국가는 해외 대출마저 끊기면서 해외에 있는 금이 인출되자 통화 가치가 평가절하를 당했다. 농산물도 제대로 수출하지 못하니 통화 가치 하락을 막기 위해 금본위제에서 탈출하려 했다.

프랑화가 저평가된 프랑스와 주식 시장이 상승했던 미국에는 대규모 금과 외화가 들어왔다. 이런 식으로 흑자가 되면 팽창 정책으로 통화를 더 찍어냈어야 했다.

프랑스는 그럴 마음이 없었다. 미국은 주식 시장 때문에 긴축 정책을 펼쳤다. 돈이 돌고 돌아야 하는 시점에 한 곳으로 빨려 들어가고 나가질 못했다. 흑자를 내는 나라가 돈을 풀기는커녕 오히려 긴축을 하니 적자를 내는 나라는 더 큰 피해를 입었다.

화폐가 금에 연동되었기 때문에 마음대로 돈을 발행하지도 못하는 상황에서 위기를 타개하려면 해외에서 차입을 해야 하는데 이마저도 어려웠다.

다들 채무로 허덕이는 상황에서 영국은 자국 상황을 해결하기도 버거웠고, 미국은 오히려 긴축을 하고 있었다. 불이 나면 꺼야 한다. 불이 났을 때 물이 부족하면 주변의 도움을 받아야 한다. 옆집도 위기를 느껴야 한다. 옆집에 불이 났을 때 나와 큰 상관도 없고 내 집까지 번지지 않으리라는 안일한 생각으로 방관했다가는 불길이 다가왔을 때 감당할 수 없다. 하지만 그때는 모두가 그렇게 생각하지 않았다.

현대와 달리 공산품보다는 농산품이 세계 무역 시장에서 더 많이 거래되던 시대라서 농산물 초과 공급은 수출 중심 국가에게 치명적이었다. 이때 농산물 수입 국가는 가격 하락을 오히려 반기고 용인했다. 여기에 국가들이 관세까지 경쟁적으로 올리면서 경기 침체를 더욱 가속화했다.

대공황 이전 세계는 자신의 살길만 찾았다. 내가 살면 다른 국가는 어떻게 되어도 상관없다는 생각마저 갖고 있던 듯하다. 이런 비협조가 대공황을 만든 여러 원인 중 하나였다. 제1차 세계대전 이후 패전국과 승전국의 이해관계에 따라 배상금과 전쟁 채권 처리에 입장 차이도 맞물렸다. 금본위제로 회귀하면서 변화한 시대를 제대로 인지하지 못했던 통화 가치 결정의 오판도 있었다. 관세를 내려 함께 잘 살아보려고 하기보다 자신만 살자며 관세를 올렸다. 그 결과 농업에 종사하던 사람들의 대량 실업 사태까지 이어졌다.

대공황은 느닷없이 나타난 것이 아니다. 다양한 요소가 결합하여 저 밑바닥부터 스멀스멀 올라왔다.

금본위제와
은행 파산

과도한 상승

공황이나 경제 침체라는 단어를 듣고 떠오르는 이미지는 언제나 주식 시장의 폭락이다. 실제로도 대공황이 왔다는 가장 확실한 증거는 역시나 주식 시장의 폭락이었다. 그중에서도 뉴욕 주식 시장의 폭락이었다. 폭락의 전제조건은 상승이다. 과도한 상승을 했기에 역설적으로 폭락이 온다. 다우존스지수는 1928년에 191에서 300까지 오른 후 1929년에는 최고 381까지 상승을 했다.

드디어 때가 왔다. 좋은 의미가 아니라는 점이 아쉬울 따름이었다. 1929년 10월 24일 '검은 목요일'과 함께 폭락을 했고, 또다시 10월 29일 '검은 화요일'로 연일 폭락이 이어져서 다우존스지수는 198까지 하락했다. 당시 금융기관은 이를 막기 위해 직접 주식을 매수하고 투자자의 대출을 인수하기도 했다. 연방준비은행은 직접 주식을 매수하고 금리도 인하했지만 주식 시장의 폭락을 막지는 못했다. 그렇다고 주식 시장의 폭락이 대공황을 불러온 것은 아니었다. 아직 하나의 사건이었을 뿐이다.

주식 시장의 폭락 이전에 경기는 이미 하락하고 있었다. 주택 건설은 감소하고 있었으며 이민자의 유입이 중단되어 가구 수가 줄어들었고 주택 담보 대출도 힘들어졌다. 반면 기업의 설비 투자는 신규 공장이 늘어나며 다소 과도해졌다. 여기에 자동차 생산도 점차 줄고 있었다. 이러다 보니 산업 생산 지수는 물론이고 물가와 개인 소득도 감소했다. 생산이 줄었지만 재고는 쌓여갔다.

주택 담보 대출이 힘들어지면서 집 소유자들이 하나둘 대출을 갚지 못하자 은행의 저당권 행사로 위기에 빠졌다. 상품 가격도 하락하면서 수입도 줄어들었다. 기업의 위험을 감지한 은행은 대출을 회수해버리고 추가 대출도 거의 해주지 않았다.

　대공황 시기에 4명 중 1명은 실업자였다. 주식 시장이 폭락했지만 일반인들에게는 먼 나라 이야기였다. 여전히 현금을 보유하고 있었고 특별한 변화는 없었다. 주식 시장의 폭락은 그들만의 문제였다. 일반인은 은행에 넣은 돈을 별 의심 없이 잘 갖고 있었다. 이처럼 통화량 자체는 처음에는 그다지 영향을 받지 않았다. 하지만 생산과 물가뿐만 아니라 통화까지도 하락한 점이 치명적이었다. 주식 시장이 1928년부터 상승하자 미국은 통화를 긴축했다. 이로 인해 물가와 경기가 하락했다.

고정 환율

1929년에 대부분 국가는 금본위제로 복귀했다. 서로 다른 통화와 환율을 고정하는 제도였다. 은행은 돈을 맡긴 사람들이 동시에 인출할 가능성을 대비해서 보유한 돈의 일정 비율 이상을 언제든지 지급할 수 있게 준비해야 한다. 이를 지급준비금이라고 한다. 예금과 지급준비금 비율이 높아지면 국내 통화가 줄어든다. 오른 비율만큼 시중에 있는 돈이 은행으로 들어가기 때문이다. 마찬가지로 금본위제에 속한 국가는 국제적인 통화 흐름에 압박을 받았다. 문제가 없을 때는 문제가 없지만 문제가 생기자 비로소 문제가 되었다.

특히나 미국은 금이 유입되었을 때 통화량 확대를 거부했다. 금이 유입되면 통화량이 늘어나기 마련인데 이를 막았을 뿐만 아니라 오히려 통화량이 줄어들었다. 금의 보유량이 늘어나며 통화량도 늘어나야 하는데 이러질 못하니 국가 간 통화에도 문제가 생겼다.

금본위제 국가는 금을 기본 단위로 해야 하니 다른 금본위제 국가와 함께 고정 환율을 유지해야 했다. 그중에서도 가장 강력한 미국이 긴축 통화 정책과 디플레이션을 진행하자 다른 금본위제 국가도 보조를 맞출 수밖에 없었다. 그래서 금본위제 국가는 미국을 따라 통화를 긴축했다. 금을 비교적 적게 보유했던 국가는 유동성을 증가시키지 못해 피해가 심각했다. 오스트리아, 독일, 헝가리, 루마니아 등은 제1차 세계대전과 그 후에 온 하이퍼인플레이션으로 금융위기까지 겪었다. 이들 국가는 더 빠른 속도로 대공황에 빠졌다.

금본위제에서 벗어난 국가가 있었다. 중국이었다. 중국은 금이 아닌 은이 기본 단위였기 때문에 이 상황에서 벗어날 수 있었다. 내전이 벌어지고 있어 금본위제로 복귀하지 않았던 스페인도 그랬다. 일본은 금본위제에 잠시 참여했다가 바로 벗어났다.

프랑스는 금을 많이 유입한 덕분에 여유 있게 통화 정책을 펼치면서 대공황에 빠져들지 않았다. 그런 프랑스마저도 시간이 지나 외환 매각과 은행 시스템에 문제가 생기면서 뒤늦게 영향을 받았다.

통화 부족

이런 식으로 금본위제 국가들은 독자적인 통화 정책을 펼칠 수 없어서 문제가 발생했다. 통화가 긴축되면 해당 국가에 필요한 통화량이 유통되기 힘들었다. 금본위제 국가는 물가가 하락하고 통화가 부족한 상황에서도 할 수 있는 게 없었다. 그래서 미국을 위시한 대부분 금본위제 국가가 대공황에 다가가면서도 제대로 대응하지 못했다. 금본위제에서 탈출하는 것이 답이었지만 당시는 이를 제대로 인지하지 못한 듯하다.

전체적으로 안 좋은 상황에서 상품 가격은 계속 하락했다. 자연스럽게 언론과 전문가는 향후 경기를 부정적으로 전망했고, 은행은 파산을 걱정하며 현금을 쌓아 놓을 뿐 대출을 하지 않았다. 투자 촉진보다 가만히 있으면서 생존을 도모하는 것을 우선시했다. 상품 가격이 계속 하락하며 저개발 국가는 보유한 금과 외환보유고를 쓸 수밖에 없었다. 선진국으로부터 대출을 받기는 불가능했다. 가격이 하락한 만큼 재고를 저렴하게 팔아야 하니 디플레이션에 더욱 깊게 빠졌다.

오스트리아의 크레디트안슈탈트(Creditanstalt) 은행은 보덴크레디트안슈탈트(Bedenkreditanstalt) 은행과 합병해서 오스트리아 산업체의 60퍼센트를 소유하며 절대적인 위치에 서 있었다. 1931년 경기가 악화되자 크레디트안슈탈트 은행은 덩치가 커진 만큼 손실이 커졌다. 감당할 수 없는 지경에 이르자 정부와 중앙은행의 도움을 받았지만 오히려 더 많은 자금이 유출되며 내국인, 외국인을 막론하고 예금을 인출하기 시작했다. 크레디트안슈탈트 은행이 문을 닫자 돈이 필요한 오스트리아는 각국에 외환을 요청했다. 하지만 각 국가들은 오히려 오스트리아에 빌려준 돈을 회수하려 했다.

오스트리아만의 문제가 아니었다. 이미 옆 국가로 번지고 있었다. 헝가리, 체코슬로바키아, 루마니아, 폴란드, 독일의 은행에서 불안을 느낀 고객이 자금을 인출하기 시작했다. 뿐

만 아니라 영국은 파운드화에 대한 투기적 공격을 받고 금본
위제를 포기했다. 사람들은 그다음 타깃이 미국이라고 예상
했다. 각 국가는 이를 해결하기 위해 금이 필요했다. 프랑스
와 벨기에 등이 달러를 금으로 교환해도 되는지 문의하자 미
국은 괜찮다고 응답했다. 급격한 금 유출에 미국은 금리 인
상으로 대응했다.

은행 파산

중앙은행이 시중은행에 대출할 때 적용하는 금리, 즉 재할인
율이 인상되면서 시중은행은 더 어려운 상황에 처했다. 이로
인해 1931년 10월에만 미국의 상업은행이 522개나 문을 닫
았다.

대형은행이 유동성을 공급해서 시중은행의 도산을 막을
수도 있었지만 그렇게 하지 않았다. 은행 난립을 부담스럽게
느꼈던 대형은행은 시중은행의 도산을 오히려 긍정적으로
바라보았기 때문이었다. 여파가 대형은행까지 미치자 뒤늦
게 후회를 해도 되돌릴 수 없었다.

대공황 기간 미국 은행의 반 정도가 도산하거나 다른 은행
에 합병됐다. 1933년 미국 정부는 은행의 휴무를 결정하며

고객의 자금 유출을 막았다. 이렇게 예금 인출을 막아버리자 은행의 위기가 어느 정도 멈췄다. 대공황을 더욱 깊게 만들었던 수많은 은행의 파산으로 은행 예금액이 줄어들면서 통화량도 줄었다. 그로 인해 디플레이션이 발생하며 상품 가격까지 하락하자 경제는 더 큰 충격을 받았다.

벗어나지 못하는
침체

첨예한 이해관계

1932년 영국은 금본위제를 포기하고 금리를 낮췄다. 그 결과 1920년대 고금리 때문에 제대로 진행하지 못했던 주택 건설이 다시 시작됐다. 이에 발맞춰 미국도 도매 물가 하락이 멈췄고 산업 생산량이 증가하기 시작했다. 이때 위기를 탈피하고자 런던에서 세계경제회의가 열렸다. 취지는 좋았지만 제대로 협상이 되지 않은 것이 문제였다. 각국이 자국 이익만 첨예하게 내세운 결과였다. 조금 더 자유로운 무역을 위해 함께 노력하자는 취지가 무색해졌다.

전 세계의 정부가 물가 부양의 중요성을 알고 있었기에 통화량을 늘리려고 노력했다. 이를 위해서 대부분 국가가 정부 지출을 늘리는 재정 정책을 폈다. 미국의 뉴딜 정책이 가장 대표적이다. 다음으로 금의 가치를 떨어뜨리고 환율은 유지해서 금 평가이익으로 정부 지출을 더 늘리려 했다. 이런 노력이 대공황을 벗어나게 했는지 여부는 아직까지 다소 논란은 있다.

이탈리아는 리라화 가치를 높이면서 해외에서 들어오는 디플레이션을 방지했다. 일본은 엔화의 과소평가 덕분에 경기가 확장되고 임금이 안정되면서 물가도 올랐다. 스웨덴은 주택 건설이 늘어나며 수입 수요가 증가한 덕분에 경제가 회복됐다. 반면에 중남미 국가들은 원자재 등의 상품 가격과 통화 가치의 평가 등에 따라 어려움을 겪었다. 이런 세계 경제의 회복기는 1934년에서 1935년으로 기간이 짧았고 일부 국가에만 나타난 현상이었다.

미국은 1936년에 제1차 세계대전 참전용사에게 공채 17억 달러를 발행해서 지급했다. 이 중 14억 달러가 현금으로 시중에 즉시 풀렸다. 그 돈은 미국에서 거주하면서 반드시 필요한 자동차와 주택 구입에 대부분 쓰였다. 이로 인해 자동차 생산과 주택 건설이 활성화됐다.

안타깝게도 잠시나마 좋았던 경제는 또다시 공황으로 빠지고 있었다. 1937년 미국의 곡물과 면화 가격이 떨어졌다. 수출보다 수입이 더 많아졌고 은행의 지급준비금은 30억 달러에서 7억 달러로 줄어들었다. 주식 시장의 거래량도 줄어들면서 주가가 급락했고 10월 19일에 검은 화요일이 다시 엄습했다. 상품 가격은 연일 하락하고 산업 생산도 점차 멈췄다. 쌓아둔 재고도 바닥이 나면서 산업 전반에 투자 유인은 줄었다. 경제가 회복될 것이라는 기대는 물 건너갔다.

공공사업

1929년에 시작된 대공황은 여러 국가에서 발생했지만 1937년에 발생한 공황은 미국에서 시작됐다. 당시에 유럽과 일본은 전쟁 준비에 여념이 없었다. 저개발 국가는 미국의 주식 시장이 하락하자 큰 타격을 받았다. 자본가는 미국 주식 시장의 하락으로 유동성이 줄어들자 이를 보완하기 위해 보유하고 있던 다른 국가의 주식을 매도해버렸다. 이런 상황은 현재와도 비슷하다.

그나마 금융 완화 정책과 대규모 공공사업 덕분에 주식 시장 폭락의 여파는 크지 않았다. 이와 달리 원자재를 수출하는 국가는 피해가 막심했다. 상품 가격이 하락하자 원자재 가격도 덩달아 하락했다. 브라질 같은 국가는 수출 쿼터제로 이를 막으려 했으나 역부족이었다. 이들 국가는 해외 자본을 들여와 통화를 늘려야 했는데 자본은 오히려 미국으로 들어가며 속수무책이었다.

미국은 지난 대공황에는 미온적으로 취했던 대책을 적극적으로 실행했다. 은행이 보유한 지급준비금을 감축했고 보유한 금을 풀어버렸다. 경기 회복을 위해 정부 지출을 늘렸다. 연방 정부는 각 주 정부에 공공사업을 위한 돈을 빌려줬고 자체적으로도 공공사업을 했다. 당시로서는 엄청난 재정 적자를 감수하고 전례가 없었던 뉴딜 정책을 펼쳤다.

전 세계적으로 경기가 침체를 겪었다. 국제적으로 통화 시장이 막히며 자본의 흐름은 원활하지 못했다. 모든 국가가 함께 헤쳐나가도 모자랄 판에 각자도생하겠다면서 관세를 높이자 무역이 어려워졌다. 외환이 자유롭게 왕래하도록 만들어야 하는데 이마저도 통제했다. 제국주의 시스템 내에 있는 국가끼리 수출과 수입을 하게 만들어서 무역이 힘들어졌다. 영국, 프랑스, 일본이 각자 자신의 블록 안에서 정상적인 무역이라 하기는 힘든 교역이 이뤄졌다.

당시의 뉴딜 정책을 비롯한 다양한 공공사업은 경기 침체를 막기 위한 노력이었다. 그렇지만 정책을 실행하기 위해 공공사업을 선정하고 사업자를 지정하며 집행하는 시간이 너무 오래 걸렸다.

그동안 수입은 억제하고 자국 산업을 관세로 보호하는 조치 등으로 세계 경제는 더욱 안 좋아졌다. 이와 함께 강대국은 점차 전쟁 준비에 몰두하며 경제는 나락으로 빠지고 있었다. 물론 공황을 벗어나기 위해 전 세계는 각종 회담과 협정과 플랜을 준비하며 경제를 재건할 준비를 하고 있었다. 만약 전쟁이 터지지 않았다면 이러한 재건 준비로 경기를 회복했을까? 역사에 가정은 없기 때문에 전혀 알 수 없다. 이유야 어찌 되었든 전쟁과 함께 공황은 저 멀리 사라졌다.

무엇이
문제였던가

대공황으로부터 거의 100년이라는 시간이 지났다. 많은 경제학자가 무엇 때문에 대공황이 발생했고 오랜 시간 벗어나지 못했는지에 관해 연구했다. 전문가라고 해도 모든 경제 현상을 명확하게 딱 잘라 분류할 수는 없다. 모든 결과는 앞서 말했듯 인과관계보다 복잡계에 가깝기 때문이다. 특히 대공황은 복잡다단한 여러 사건이 겹쳐서 일어난 결과였다. 당대 사람에게는 일련의 사건들이 잘 보이지 않았고, 이를 슬

기롭게 헤쳐나가지 못했다. 사람들은 후대의 연구를 통해 더 나은 대응책을 비로소 파악할 수 있었다.

대공황은 재정적인 측면과 통화 측면으로 나눠서 볼 수 있다. 오늘날에 이르러서는 재정적인 대응보다는 통화 대응이 잘못이었다고 지적하는 목소리가 크다.

이를 결정했던 정치 지도자들이 자국의 이득만을 취하려 했던 점도 문제였다. 함께 풀어낼 생각보다는 자신의 국가만 생각하며 이기적으로 대응한 결과 오히려 대공황을 벗어나지 못하고 나락으로 더 빠지게 했다.

금본위제에 묶여 있던 각국 통화와 환율은 한계가 명확했다. 위기가 왔을 때 할 수 있는 것이 많지 않았다. 통화를 제대로 통제하지 못했기 때문에 대공황을 초래하고 이를 빨리 벗어나지 못했다.

금본위제를 택했던 국가는 그렇지 않은 국가에 비해서 대공황의 여파가 더 심각해서 큰 폭의 물가 하락과 생산 하락을 겪었다. 이를 통화로 풀어냈어야 하는데 당시에는 전혀 그러지 못했다.

은행에 위기가 왔을 때 상황을 가장 극명하게 알 수 있다. 고객에게 지불할 수 있는 현금이 부족할 때 은행에 위기가 오곤 한다. 은행에 돈이 없으면 사람들은 앞다퉈 돈을 찾으려고 한다. 은행에 진짜 돈이 부족한지는 하나도 중요하지 않게 된다. 사람들의 심리가 요동치며 불안감에 휩싸여 먼저 탈출하려고 할 뿐이다.

　은행은 모든 고객이 일시에 돈을 찾지 않는다는 전제로 돈을 보유한다. 은행에 돈을 맡긴 모든 고객이 한꺼번에 돈을 찾으면 은행은 돈을 줄 수 없다. 어떤 은행이라도 마찬가지다. 은행에는 극히 일부 현금만 있다. 대공황에도 그랬지만 현대에도 똑같다. 돈을 찾겠다는 고객이 일시에 대거 달려들면 어떤 은행이든 위기에 빠진다. 이럴 때 은행이 돈이 충분하다는 메시지를 주는 것만으로도 고객은 안도한다. 가장 확실한 방법은 정부가 보증하는 것이다. 고객이 은행에 맡긴 돈을 정부가 책임지고 이자까지 보장해준다면 어떤 고객도 돈을 빼지 못해 안달이 날 필요가 없다.

　대공황 당시에는 은행에 위기가 왔을 때 정부가 아무런 액션을 취하지 않았다. 당시 관련된 인물은 오히려 자신이 소유한 대형은행의 경쟁자를 없애버릴 기회로 봤을 정도다. 이러다 보니 경기 침체가 올 때 정상적으로 겪었을 은행의 위기보다 훨씬 더 큰 파급력이 발생했다. 그 결과 은행이 도산했다. 고객이 예금을 인출하자 은행의 예금 규모가 쪼그라들고 통화가 줄어들며 경제는 더 어려워졌다.

은행의 위기가 대공황의 발단은 아니다. 대공황으로 인해 벌어진 사건 중 하나로 봐야 한다. 물론 통화를 제대로 증가시키지 못한 것은 가장 큰 실수였다. 그렇다고 해서 통화량을 감소시켰던 당시의 실책이 없었다면 경기 침체가 오지 않았을 것이라는 의미도 아니다.

다만 통화량을 늘렸다면 그토록 극심한 물가 하락과 소득 하락은 피할 수 있었다. 충분한 통화를 공급했다면 경기 침체를 조금 더 빨리 종식하지 못했더라도 더 나빠지지는 않았을 것이다. 통화가 경제에서 만병통치약은 아니지만 진통제 역할은 충분히 할 수 있으니 말이다.

협력

대공황 당시 영국은 지는 해에 가까웠지만 영향력이 여전히 막강했다. 반면에 미국은 떠오르는 해였지만 나서기는 애매

한 위치였다. 두 국가는 서로 자신이 해야 할 역할을 회피했을 뿐만 아니라 책임지지 않았다. 두 강대국의 선택으로 세계는 대공황을 조금 더 빨리 벗어날 기회를 계속 놓쳤다. 조금만 더 협력했으면 전 세계로 퍼지는 대공황의 여파를 줄일 수 있었을 것이다.

제1차 세계대전이 끝나고 상품이 과잉 생산된 후에 불황에 빠졌을 때 유연하게 무역으로 풀었어야 했다. 관세를 낮추면 각 국가에서 과잉 생산했던 재고를 어느 정도 해결할 수 있었다. 하지만 당시에는 오히려 관세 등으로 문을 걸어 잠가 더 깊은 수렁에 빠졌다. 경기가 침체되었을 때는 무역이 드물었던 중세시대가 아닌 근대였다.

해외에서 차입 등으로 통화를 유통했어야 했다. 경기가 좋아지면 해외에서 대여한 돈은 외국으로 자연스럽게 다시 나간다. 이처럼 해외에서 들어오는 차입을 활용하면 경기 침체에서 충분히 벗어날 수 있었다. 하지만 대공황 당시에는 이런 자본의 자유 왕래가 어려웠고 서로 소극적이었다. 심지어 영국은 1930년 외국 채권 인수를 중단할 정도였다. 이런 상황에서 상품 수출 가격이 폭락하여 수출로 벌어들이는 돈이 줄어들자 각 국가는 자신들의 통화 가치를 평가절하했다.

대공황은 이렇게 급격한 디플레이션을 의미한다. 현재 자본주의 경제에서 디플레이션은 최악의 결과라고 할 수 있다. 향후 물가가 하락할 것이라고 생각하면 그때부터 사람들은 소비를 멈추고 기업은 생산이 줄어든다. 이로 인해 물가가 하락하고 사람들은 더욱 소비를 하지 않으면서 악순환이 반복된다. 그래서 사람들이 돈을 쓸 수 있게 해줘서 소비를 촉진해야 한다.

대공황 당시 연방준비위원회는 위기를 제대로 해결할 의지가 부족하고 경험도 일천했다. 그래서 유동성 위기가 닥쳤을 때 적극적으로 막지 못하고 소극적으로만 대응했다. 연방준비위원회는 대공황을 자신의 잘못이 아니라 통제할 수 없는 사건이라는 시각으로 보고 있었다.

1930년 유동성 위기 이후 1932년에서야 실행했던 대규모 증권 매입도 너무 늦었다. 이마저도 연방준비위원회의 자발적인 의지가 아니었고 의회의 압력에 굴복한 결과였다. 더구나 이런 조치에도 효과가 금방 나타나지 않자 다시 소극적으로 변했다. 연방준비위원회는 계속해서 적극적으로 시장에 개입해서 유동성을 공급하여 통화량이 줄어드는 걸 막았어야 했다. 이를 제때 실행하지 못한 결과 세계 경제는 더욱 깊은 대공황의 나락으로 빠졌다.

　연방준비제도의 가장 큰 역할은 물가 안정이라는 측면에서 당시 상황을 이해할 수도 있다. 대공황을 겪으며 금융 안정과 물가 안정은 물론이고 유동성의 원활한 흐름을 위해 어떤 일을 해야 하는지를 배웠다는 점이 중요하지 않을까.

2부

잃어버린
30년

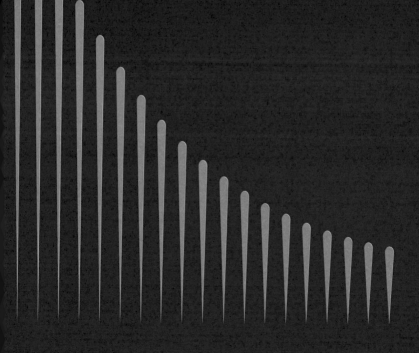

거품
경제

미우라 켄타로의 만화 〈베르세르크〉에서 주인공 가츠는 자신을 믿고 따르려고 하는 질에게 "도망쳐서 도착한 곳에 낙원이란 있을 수 없는 거야. 도착한 곳, 그곳에 있는 건 역시 전장뿐"이라고 말한다. 미우라 켄타로는 진정한 장인 정신이 어떤 것인지를 만화를 통해 보여준 작가다. 수작업으로 그림을 하나씩 그리기 때문에 극악의 집필 기간으로 독자들의 원성을 샀지만 높은 퀄리티로 찬사를 받았다. 2021년 미우라

켄타로 작가는 안타깝게도 〈베르세르크〉를 완성하지 못하고 사망했다. 치열한 장인정신이 오히려 작가의 삶을 갉아먹은 것은 아닐까. 일본의 현 상황을 비유하는 하나의 사례라 할 수 있다.

도대체 일본은 어떻게 '잃어버린 30년'이라는 말을 듣게 되었을까. 잃어버렸다는 것은 그전에 뭔가 좋았다는 뜻이기도 하다. 언제나 호황이 있기에 불황이 온다. 일본도 똑같았다. 일본도 호황이 있었기에 불황이 왔다. 어쩌면 유래를 찾기 힘들 정도로 엄청난 버블이 있었기에 불황의 여파가 더 길고 오래 가는지도 모른다. 일본의 버블은 곳곳에서 회자가 될 정도로 흥청망청했다고밖에 표현할 수 없다. 희망과 기대가 넘치고 돈이 곳곳에서 흘러 다니던 시기였다.

엔화 강세

잃어버린 30년은 '플라자 합의'로 거슬러 올라간다. 일본은 패전국이 된 후에 모든 것을 전부 새롭게 다시 시작해야 했다. 국가 재건을 위한 각종 인프라도 건설했다. 그때 일본 입장에서는 운 좋게도 한국전쟁이 발발했다. 일본은 전쟁 물자를 조달하는 생산 기지가 되었다. 이를 바탕으로 일본은 엄청난 성장을 거듭하며 패전국에서 선진국으로 도약했다. 일본 기업은 장인 정신과 카이젠(Kaizen, 개선)으로 대변되는 기업 문화를 바탕으로 좋은 제품을 만들어 미국에 엄청나게 수출했다. 미국은 무역수지 적자가 정치 문제로까지 대두되었다.

달러 강세로 인해 품질 좋은 일본 제품이 가격 경쟁력까지 갖추니 미국 제품은 수출하기도 어려웠다. 이를 타개하고자 미국, 일본, 독일, 프랑스, 영국 다섯 국가의 재무장관이 모여 회의를 했다. 달러 강세를 해결하기 위해 각국 정부가 개입해서 환율을 조정하기로 합의했다. 이 합의가 플라자 호텔에서 이루어져 지금까지도 플라자 합의라고 불린다. 이후 1주 만에 엔화는 무려 8.3퍼센트나 상승했다. 엔화가 강세로 돌아서면서 일본 기업은 미국에 수출하기 힘들어졌다. 제품 경쟁력은 여전하지만 가격 경쟁력이 약해졌다. 수출이 안 되면서 성장률이 떨어지자 일본은 경기부양책을 쓰기로 한다. 금리를 인하하고 부동산 대출 규제를 풀었다.

일본은 제품 경쟁력과 가격 경쟁력을 바탕으로 이미 경제 실적이 좋아 성장률은 높았지만 다른 선진국에 비해서 물가 상승률은 낮은 편이었다. 수출이 잘되니 경상수지가 엄청난 흑자를 기록하며 외국에서 외환이 많이 들어왔다. 플라자 합의로 엔화 가치가 상승했어도 일본 정부는 풀린 유동성이 시장을 돌아다니게 만들었다. 플라자 합의가 있던 1985년 이후에 일본 정부는 2년 만에 5퍼센트 정도의 금리를 2.5퍼센트까지 내렸다. 금융기관에서는 대출을 적극적으로 권유했다. 신용대출이 늘어나면서 유동성이 흘러넘치며 자산 시장이 들썩인 것은 너무 당연했다.

일본은 수출로 전 세계에 침투해서 엄청난 돈을 벌었고 금리 인하와 대출 규제 완화로 자본 조달이 쉬워지면서 국가 전체에 야성적 본능이 넘쳤다. 자신감으로 충만한 국가와 기업과 개인은 가만히 있지 않았다. 그럴 수밖에 없다고 할 정도로 일본은 세계 1등인 미국에 거의 근접한 상황이었다. 일본이 미국을 능가할 것이라는 예측이 나올 정도였다. 1990년 매출 기준으로 글로벌 반도체 기업 상위 10개 중 일본 기업은 NEC, 도시바, 히타치, 후지쯔, 미쓰비시, 마쓰시타(파나소닉)까지 총 6개였다. 지금과는 반도체의 비중이나 중요도가 다소 적었다 해도 일본 기업의 위세를 알 수 있다. 2020년 기준으로는 글로벌 반도체 상위 10위에 일본 기업은 단 한 개도 없다.

심지어 1988년에 시가총액 기준으로 세계 50대 기업 중 일본 기업이 무려 33개나 포함됐다. 이 중에서도 상위 10위로 좁히면 8개 기업이 일본 기업이었다. 1위는 NTT라는 통신회사로 당시 시가총액이 2,768억 달러로 2위인 IBM의 시가총액인 760억 달러에 비해 무려 3배였다. 1988년 당시 한국의 GDP가 2,023억 달러였으니 얼마나 대단한지 알 수 있다. 2022년 8월 기준으로 애플의 시가총액은 약 2억 7,700만 달러로 한국의 2021년 GDP가 약 2억 달러다. NTT는 지금의 애플 정도 위상을 갖고 있었지만 전 세계를 상대하는 애플과 달리 일본 내수 기업이었다는 점이 다르다.

도쿄를 팔면 미국을 산다

이처럼 자산 가격의 엄청난 상승으로 돈이 흘러넘치던 일본은 미국 경제를 공습했다. 제2의 진주만 공습이라고 할 정도였다. 부동산 재벌 요코이 히데키가 미국의 상징과도 같은 뉴욕 엠파이어 스테이트 빌딩을 인수한 것이다. 록펠러센터는 미쓰비시가 인수를 했다. 소니는 컬럼비아 픽처스, 파나소닉은 유니버설 픽처스를 인수했다.

고흐의 그림 〈해바라기〉를 3,629만 달러에 낙찰받은 사람도 일본인이었다. 당시 일본인은 경매로 나온 미술품을 싹쓸이 했다. 당시 미국의 1인당 국민소득이 2만 8,108달러였는데 일본의 1인당 국민소득은 무려 4만 2,466달러였다. 일본의 위세가 얼마나 대단했는지 알 수 있었다.

일본 전체가 환희에 빠져 취했다. 사회 곳곳에 이런 기류가 퍼져 지금 돌아보면 말도 안 되는 일이 벌어졌다. 면접을 볼 때 기업에서 면접자에게 2~3만 엔을 지급했다. 한국 돈으로 대략 20~30만 원인데 2020년대의 가치 기준으로 100만 원은 된다. 면접만 몇 번 보면 회사에 취직해서 번 돈보다 많았다. 한국의 설날과 비슷한 일본 명절 오쇼가쯔에는 고등학생에게 용돈으로 무려 30만 엔이나 줬다는 소문도 파다했다. 한국 돈으로 30만 원이 아니라 300만 원이고 2020년대의 가치 기준으로 900만 원에 육박한다.

일본은 1984년 '투금계정'이라는 불법 계정을 합법화했다. 이 계정을 활용하면 자본이득세를 한 푼도 내지 않을 수 있었다. 기업들은 투금계정에 돈을 넣고 주식과 채권에 투자해서 큰돈을 벌 수 있었다. 1985년 9조 엔이었던 투금계정은 1989년 40조 엔까지 불어났다.

기업은 투자가 아닌 매출과 이익이라는 실적으로 평가받아서 주가가 상승해야 하는데 주객이 전도됐다. 실적은 전혀 상관하지도 않고 늘어난 자산에만 주목하며 주가가 상승했다. 주식의 가치를 평가하는 PER(주가수익비율)이 60을 넘을 정도였다.

개인도 마찬가지였다. 토지 가격의 200퍼센트까지 대출을 받을 수 있었다. 심지어 100년 만기 대출 상품까지 나왔다. 대출을 받아 주택을 구입해도 돈이 남으니 그 돈으로 인테리어까지 할 수 있었다. 이로 인해 도쿄의 땅값은 1987년에서 1년 후인 1988년 사이에 무려 3배 폭등했다. 1981년에서 1990년까지 도쿄 지가는 5배 이상, 신바시와 아사쿠시는 10배 이상, 아오야마는 15배나 폭등할 정도였다. 상업지의 가격도 도쿄, 오사카, 나고야, 요코하마, 교토, 고베 등은 1986년에서 1990년까지 3배 이상 폭등했다. 발 빠르게 은행은 '땅 사세요. 돈 빌려드립니다'라고 유혹하면서 그래도 부족한 사람에게는 등기료까지 빌려준다고 했다.

불행히도 일본이 세계 최고이자 일류였던 시기는 서서히 끝을 향해 달려가고 있었다. 일장춘몽처럼 너무 짧았다. 도쿄를 팔면 미국을 살 수 있다고 할 정도였던 일본의 경제 상황은 곧 거품경제를 일컫는 용어가 되어버렸다.

추락이
시작되다

―――

하늘을 나는 새도 언젠가는 지상으로 내려와야 한다. 높이
날면 날수록 내려와야 하는 폭도 크다. 어떤 자산이든 무한
정 상승하는 것은 절대로 없다. 역사상 버블이라 불리는 것
은 전부 너무 높이 올랐기 때문에 발생했다. 적당한 높이에
서 내려오는 건 자연스러운 현상이다. 지나치게 높이 올랐기
에 내려오는 과정에서 여러 문제점이 노출된다. 문제점을 해
결하지 않으면 다시 상승하지 못하고 오랜 시간 제자리에 머

문다. 일본은 높게, 아주 높게 올랐다. 대부분 버블이 특정 자산이나 지역에서 벌어졌다면 일본 버블은 국가 차원에서 펼쳐졌다.

역사를 돌아보면 하루아침에 갑자기 폭등과 폭락이 발생한 것처럼 보인다. 사실은 폭등도 긴 시간에 걸쳐 누적된 결과고 폭락도 그렇다.

잃어버린 30년의 시작, 일본 버블의 붕괴는 일본의 모든 자산이 어느 순간 느닷없이 폭락한 사건이 아니다. 보통 버블 붕괴 시점을 1990년으로 보지만 그해에 폭락이 끝난 것도 아니고 경제가 완전히 망가진 것도 아니었다. 몇 번에 걸쳐 하락이 연이어 발생하며 가중됐다.

일본의 정책금리는 1989년 5월 3.25퍼센트에서 1990년 6퍼센트까지 급격히 상승했다. 대부분의 경우 경제의 완충 작용을 위해 금리를 빠른 속도로 내린다. 반대로 이처럼 빠른 속도로 금리를 올리는 경우는 극히 드물다. 일본 은행이 자산 시장에서 벌어지는 현상을 얼마나 심각하게 받아들이고 있었는지 확실히 알 수 있다.

금리는 중력처럼 모든 자산을 땅에 철썩 달라붙게도 만들고 공중에 뜨게도 만든다. 중력이 약할수록 우리는 공중으로

뜬다. 중력이 강해지면 땅으로 내려온다. 금리를 빠른 속도로 올리면 하늘을 나는 새도 내려올 수밖에 없다.

부동산 규제

아주 강력한 부동산 규제가 나온다. 1990년 3월 일본 정부는 부동산 대출 한도를 정해서 그 이하 금액만 대출해준다고 발표한다. 대부분 사람은 부동산을 살 때 대출을 받는다. 대출 없이 자기 돈으로만 사는 경우는 드물다. 기업도 부동산 대출을 이미 많이 받은 상태였다. 추가로 매수를 하고 싶어도 대출을 받을 수 없는 상황이 됐다. 부동산을 신규 취득하려는 기업이나 개인에게는 청천벽력과도 같은 일이었다. 이제 매도자는 매도를 하고 싶어도 매수자를 찾을 수 없었다. 매수하고 싶어도 대출이 나오지 않으니 취득할 수 없었다. 부동산 가격이 하락하는 것은 당연한 수순이었다.

1989년 3만 8,000엔대였던 닛케이 지수는 1990년에 2만 3,000엔까지 무려 40퍼센트나 떨어졌다. 그 이후로도 계속 하락한 닛케이 지수는 2009년에 7,000엔까지 떨어졌다. 일본 도쿄증권거래소가 만든 토픽스 지수도 같은 기간 무려 75퍼센트나 하락했다. 부동산 가격은 1991년부터 하락하기 시작했다. 1990년 하반기에 비해 2005년 말에 상업지 가격은 87.2퍼센트, 주택지 가격은 66.5퍼센트 하락해서 전체 지가는 76.4퍼센트나 떨어졌다.

버블 초기에 일본 부동산의 보유세는 1.7퍼센트였고 공시지가는 시세의 30~40퍼센트였다. 버블이 시작되자 공시지가는 시세의 5퍼센트 정도에 불과해서 부담이 없었다. 양도소득세는 보유 5년 이내는 52퍼센트, 보유 5년 이후는 26퍼센트였으나 가격 상승을 생각하면 세금은 큰 영향을 주지 못했다. 뒤늦게 양도 차익의 60퍼센트까지 세금을 올렸지만 매물 부족 현상만 야기했다. 이 모든 상황이 겹치며 가격이 폭락하기 시작했다.

주가와 지가가 동시에 폭락하면서 1990년대 초반에는 일본 GDP의 반이 매년 사라질 정도였다. 이로 인해 상품을 살 수 있는 소비력이 사라졌다. 팔아야 하는 입장에서는 재고를 조정하고 설비 비용이 늘어나니 고용을 조절할 수밖에 없었다. 그동안 은행 대출로 주식과 토지에 투자했던 기업 입장에서는 대차대조표가 망가졌다. 보유한 토지와 주식의 가격은 폭락했지만 대출 금액은 변하지 않았으니 원금은 물론이고 이자까지 갚아야 했다. 이를 '대차대조표 침체'라고 표현한다.

이런 상황이 지속되자 금융기관은 대출 회수가 불가능해졌다. 회수되지 않는 대출이 전부 부실해지면서 금융기관은 어려움에 처했다. 특히나 중소 금융기관은 이를 해결하지 못하고 부도까지 났다. 이 중에서도 주택 금융을 전문으로 하는 회사는 더욱 큰 곤경에 처했다. 이런 회사는 결국 회복 불능 상태에 빠져 도산했다.

많은 사람의 생각과 달리 일본 경제가 하염없이 추락한 것은 아니었다. 1991년 GDP 실질성장률은 3.4퍼센트, 1994년은 1퍼센트, 1996년은 3.1퍼센트였다. 회복이 이어지지 못했던 것이 문제였다. 1995년에 생긴 고베대지진이나 1997년에 터진 아시아 금융위기는 일본의 상황을 더욱 어렵게 만들었다. 일본은 경기 침체를 이겨내지 못했을 뿐만 아니라 오히려 점점 가속화하며 수렁에 빠졌다.

특히 엔화 약세로 수출이 증가하고 민간 소비도 늘어나고 기업의 설비 투자도 증가하던 1997년에는 일본 경제가 본격적으로 회복하고 있었다. 이런 상황에서 1997년의 아시아 금융위기는 뼈아팠다. 일본은 운이 없었다고밖에 할 수 없었다.

수출이 감소하기 시작했다. 아시아 금융위기의 여파는 일본의 주가지수를 더 떨어뜨렸다. 일본 니케이지수는 폭락 후

2만 엔까지 상승했으나 1997년에 또다시 1만 5,000엔 부근까지 밀렸다.

금융이 불안정해지면서 산요증권이 파산했다. 일본 4대 증권사였던 야마이치증권까지 연이어 파산했다. 사람들은 자신의 예치금을 못 받게 될까 봐 은행에 몰려들었다. 은행은 어쩔 수 없이 대출을 억제한 것은 물론이고 거부까지 했다. 결국에는 홋카이도척식은행과 일본장기신용은행, 일본채권신용은행까지 파산하면서 여파는 더욱 커졌다.

특별 감세

1997년에 이미 역성장을 했던 일본의 GDP는 1998년에 1.1퍼센트 하락했고 1999년은 0.3퍼센트 하락하며 3년 동안 경제성장률이 하락했다. 이렇게 경제가 역성장하면서 침체된 것은 일본에 처음 있었던 일이다.

결국 일반인에게 가장 중요한 급여소득은 1998년 직전 해 대비 하락했다. 이때부터 30년이 넘었지만 일본인의 급여소득은 제자리걸음이다. 일을 해도 소득이 늘어나지 않는다는 것은 공포다. 현재 일본의 상황은 고통을 넘어 체념이 된 듯하다. 자신들의 소득이 오르는 것을 더 이상 기대하지 않고 포기한 상태라는 뜻이다.

일본 정부가 가만히 있었던 것은 결코 아니다. 다양한 방법으로 극복하려 노력했다. 특별 감세를 발표해 소득세와 주민세, 법인세까지 감세했다. 금리를 내리는 걸 넘어 제로금리 정책을 펼칠 정도였다.

무려 30조 엔(약 300조 원)이나 공적자금도 투입했다. 공공투자, 지역 상품권, 주택 투자 촉진 등 경제를 활성화시키기 위한 다양한 대책을 내놓았다. 이런 다양한 대책과 몸부림이 결과적으로 가시적인 성과를 내지 못했다는 것을 지금은 알 수 있지만 당시에는 최선을 다한 조치였다.

1990년에 시작한 자산 폭락에 따른 일본 경제의 침체가 이렇게 길어질지는 아무도 몰랐다. 극복할 것이라 여겼던 침체가 1990년대 내내 이어질 것이라고는 누구도 상상하지 못했고 그 이후로도 마찬가지였다.

수렁에 빠지는
신호

앞에서 살펴본 것처럼 자산 버블이 터진 후 일본 경제가 나락으로 곧장 빠진 것은 결코 아니었다. 오히려 수출도 잘 되었고 여러 조건이 나쁘지 않았다. 자산 가격이 큰 폭으로 하락해서 문제였을 뿐이다. 애초 경제 전반적으로 볼 때 큰 충격은 아니었지만 시간이 지나며 경제도 점차 망가졌다. 소득은 있었으나 부채가 문제였다.

　금리가 하락해서 거의 제로금리가 되었는데도 90년대 중반부터 일본 기업은 추가 대출을 받을 생각을 하지 않았다. 기존에 받은 대출을 갚는 게 우선이었다. 제로금리에 따라 금리가 인하되었다고는 해도 기업이 기존에 고금리로 받은 대출은 신규 대출에 비해서 금리가 높았기 때문이다. 기업 입장에서는 이익이 생기면 사업에 재투자를 하기보다 대출을 갚는 편이 유리했다. 기업이 새로운 대출을 일으키지 않으니 은행에 예금한 돈이 풀리지 않았고 소비도 정체됐다. 경제 침체는 당연한 수순이었다.

대차대조표에서 자산은 자본과 부채의 합이다. 이익을 늘려 자본을 불리거나 큰 부채를 일으키면 자산을 키울 수 있다. 일본 기업은 버블 시기에 부채를 일으켜서 자산을 키우는 방법을 선택했다. 자산 가격이 치솟던 시기이기 때문에 평가 자산인 토지 가격이 높게 평가되면서 주가도 올랐다. 버블이 꺼지면서 대차대조표에서 모든 자산 가격이 하락했지만 갚아야 할 부채만은 그대로였다. 결국 자산에서 부채가 차지하는 비중은 더욱 커졌다.

이런 상황에서 기업이 할 일은 딱 하나였다. 모든 역량을 총동원해서 부채를 상환하는 데 집중해야 했다. 기업이 돈을 벌어도 재투자해서 기업을 성장시키는 데 집중하지 못했다.

돈을 벌면 그 즉시 첫 번째 목표는 대출을 상환해서 부채를 최소화하는 것이었다. 1990년대 일본의 모든 기업은 이런 식으로 운영됐다.

돈맥경색

이러다 보니 돈이 돌지 않았다. 통화 공급은 중앙은행이 상업은행에 돈을 줄 때부터 시작된다. 돈을 무조건 줄 수는 없다. 상업은행이 보유하고 있는 국채나 회사채 등을 매입하면서 돈이 이동한다.

은행도 수익을 내기 위해 노력을 해야 한다. 은행에 들어온 돈을 대출해야 이자 수익을 얻을 수 있다. 대출을 받은 기업이나 개인은 또다시 그 돈으로 투자를 하거나 일정 금액은 은행에 예치한다.

은행은 지급준비금을 제외하고 다시 대출을 실행할 수 있다. 기업과 개인은 대출로 차입한 돈을 다시 은행에 예치한다. 이 과정이 계속 반복되면서 시중에 돈이 풀린다. 사람들은 풀린 돈으로 부의 효과를 누리며 소비를 더 많이 할 수 있게 된다.

이런 시나리오가 무한 반복되며 유동성이 풀려야 했다. 하지만 이 시나리오에서 준비된 건 은행뿐이었다. 대출을 받을 여력이 누구에게도 없었다. 모두가 부채를 갚으려고 할 뿐 대출을 더 받을 생각은 아무도 하지 않았다. 채무를 상환해야 하니 '돈맥경색'이 발생할 수밖에 없었다.

정부 말고는 누구도 대출을 받을 수 없는 형편이었다. 결국 정부는 대출을 일으켜 지출을 늘렸다. 은행은 정부 덕분에 통화 공급을 할 수 있었다. 그럼에도 대차대조표 침체 상황에서 기업을 도울 수는 없었다. 기업이 대출을 다 상환해서 대차대조표를 안정화할 때까지는 대부분 노력이 소용없었다.

정부가 노력을 했지만 뜻대로 되지는 않았다. 버블이 워낙 컸기에 경기가 후퇴하고 침체 기간도 길어졌다. 1990년 중반에 경기가 회복되었지만 침체로 금방 돌아섰다. 일본은 정부의 각종 정책이 불행히도 실패하면서 불황을 다시 겪었다. 여기에 국제적인 금융위기까지 겹치면서 회복이 어려운 지경에 이르렀다.

버블 당시 엄청난 면접비를 지급하면서까지 사람을 뽑지 못해 난리였던 기업은 버블이 꺼지자 비용을 아끼기 위해 신규 채용을 줄였다. 그나마 뽑아도 대부분 비정규직이었다.

기존 인원도 줄였지만 더 큰 문제는 그동안 오른 임금이었다. 고임금을 해결하기 위해 생산 설비 등을 동남아 같은 개발도상국으로 옮겼다. 이로 인해 산업 시설이 하나둘씩 공동화됐다. 취직을 못하는 사람들이 많아지며 상황은 더욱 어려워졌다.

심지어 1990년대 중반에 반짝했던 경기 회복은 사람들이 어려운 시절이 끝났다고 착각하게 만들었다. 경기가 회복될 것이라 믿고 3퍼센트였던 소비세를 5퍼센트까지 올렸다. 가뜩이나 소비 심리가 움츠린 상황에서 소비세 인상은 불에 기름을 부은 것이 아니라 찬물에 얼음을 끼얹은 꼴이었다. 경기는 급속히 냉각됐다.

취직도 못하고 낙오자 신세가 된 청춘은 집안에서만 살아가는 히키코모리가 되어 사회 문제로 떠올랐다. 어려운 처지를 탈피하기 위해 파친코에 중독된 사람도 많아졌다. 그나마 긍정적인 면이라면 아이돌을 좋아하는 오타쿠가 많이 양성된 점이다. 덕분에 아이돌 문화가 융성했다.

일본은 버블이 크면 클수록 그 여파도 크다는 것을 보여줬다. 특히 엄청난 부채를 동반한 버블이 터지자 유동성을 공급해도 극복하기 쉽지 않았다. 기업과 개인은 돈을 벌기도 힘들었지만 이익이 생겨도 야성적 본능은 전부 제거된 상태로 대출을 상환하기에 정신이 없었다. 대차대조표 침체는 일본 경제의 회복을 좀처럼 허락하지 않았다. 일본의 잃어버린 10년은 20년, 30년으로 길어졌고 2022년까지 여전히 과거의 영광을 되찾지 못했다.

쇠락하는
국가

민영화

2000년대 초반에는 1990년대부터 이어진 부실기업을 과감
하게 처리하며 불량 채권을 정리해나갔다. 기업이 도산하고
실업자가 증가하면서 사회적으로 난관에 봉착했다.

고이즈미 총리는 '작은 정부'를 내세우며 민영화를 실시
했다. 우정 사업 민영화를 비롯해 많은 공무원 조직이 인력
과 인건비를 삭감했다. 많은 정부 관련 조직을 아웃소싱으로
대체하며 축소했다. 이에 따라 비상근 공무원이 새롭게 생겼

다. 이들은 급여가 최저임금 수준이었고 임금 인상이 없었다. 몇 년을 일해도 월급이 늘지 않는 상황이 사회 전반으로 번졌다. 이후 구조 개혁으로 경기가 좋아지고 기업의 수익이 늘어도 임금은 제자리걸음이었다. 이런 현상은 아직도 일본을 좀먹고 있다.

2000년대에도 경기가 좀처럼 살아나지 않던 와중에 미국발 금융위기가 터졌다. 이 사건은 일본인의 생계를 힘들게 만들었다. 당시 일본에는 규제 완화와 노동 유연화로 파견 노동자가 많았다. 경기가 어려워지자 많은 파견 노동자가 일자리를 잃었다. 엄청난 숫자의 실업자가 길거리로 쏟아져 나왔다. 도쿄 등의 대도시 중심지와 공원에서 거주하는 사람들이 생겼다. 이들을 '넷카페 난민'이라고 불렀다. 이런 사람들이 모여 있는 곳에 텐트 등을 설치해 파견촌이라는 이름으로 거주하게 할 정도였다.

2010년이 되자 GDP가 4.2퍼센트 상승하며 경제가 성장했다. 세계 경제가 좋아지면서 수출이 증가하자 민간 소비도 늘어나며 나타난 현상이었다. 하지만 이번에도 어김없이 과거가 반복됐다. 좋아지면 곧장 나쁜 일이 벌어지는 현상이 또 일어나고야 말았다. 2011년 3월 동일본대지진과 원전 사고라는 최악의 국가적 사건이 벌어졌다. GDP는 0.1퍼센트 하락했다.

엎친 데 덮친 격으로 엔화 강세가 이어졌다. 일본은 이미 선진국인 상태에서 미국 금융위기를 맞이했다. 모든 국가가 금융위기에 대처하기 위해 금리를 낮추고 양적완화를 했지만 일본은 이전부터 저금리였다. 엔화는 다른 국가 통화와 금리 차이가 줄어들면서 매력적인 상품이 됐다. 더 이상 떨어질 곳이 없는 일본의 상황이 역설적으로 엔화 강세의 배경이 됐다.

이런 일이 반복되면서 일본 경제는 좀처럼 회복하지 못했다. 경제가 힘들 때 엔화 약세가 되어야 수출 상품의 가격 경쟁력이 생긴다. 엔화가 약세가 되었다는 것만으로도 상품의 판매 가격이 낮아진다. 자연스럽게 경쟁 국가에 비해 더 싸게 판매할 수 있다.

일본은 반대였다. 세계 경제가 어려워질 때마다 일본 엔화는 거꾸로 강세가 되어 제품 가격이 오히려 올라가고 경쟁력이 떨어지면서 수출이 줄어들고 말았다. 이때부터 본격적으로 시작된 엔화 강세는 경제가 어려울 때마다 벌어지면서 일본을 더욱 나락으로 빠뜨렸다.

아베 정권이 탄생하며 아베노믹스가 시작됐다. 20년 동안 잃어버린 경제를 다시 살리기 위해 금융 완화 정책을 펼쳤다. 일본 은행이 국채를 해마다 50조 엔이나 사들이고 ETF와 같은 상장지수펀드를 직접 매입했다. 일본 은행이 주식을 사는 것이나 마찬가지였다. 돌지 않는 돈을 돌게 하려는 노력이었다. 어느 정도 효과는 있었지만 미미했기에 본원통화가 늘어난 만큼 국민 개개인에게 영향을 미치진 못했다.

아베노믹스의 성과가 없던 것은 결코 아니다. 이전 20년보다는 분명히 경기가 좋아졌다. 초기 공적투자는 경제성장률을 높였지만 이마저도 오래 가지 못했을 뿐이다. 법인세를 낮추고 국가가 주도적으로 국가전략특별구역을 선정했고 기업친화적인 법도 만들어 경제를 살리려고 했다. 어떻게 하든 돈이 돌도록 시도하고 돈을 벌 수 있게 노력했지만 가장 중요한 것이 빠져 있었다. 민간에 돈이 가고 그들이 돈을 쓰는 것이었다.

민간으로 돈이 잘 가지도 않았고 돈을 갖고 있는 사람도 쓰지를 않았다. 결정적으로 소비세를 올리면서 소비를 하고 싶은 욕구마저 가라앉았다. 돈을 벌고 쓰도록 해야 경기가 활성화된다. 누구나 다 알고 있는 사실이다. 일본 사회가 고령화되며 이 상황은 더욱 심각해졌다. 소비는 꽁꽁 얼었고 사람들은 투자보다 저축에 치중했다. 기업도 대출을 받지 않았기 때문에 돈이 돌지 않고 은행에만 머물렀다.

아베노믹스 기간에 경제가 좋아졌다는 것은 상대적인 평가다. 이 기간에 일본의 GDP는 1퍼센트 정도 성장했다. 이 정도로도 좋아졌다는 평가를 해야 할 정도로 일본의 상황은 나빴다.

가장 중요한 소득이 거의 늘지 않았다. 가처분 소득이 낮으니 지출을 더욱 안 한다. 이런 악순환이 이어지니 기업은 판매 가격을 올리지 못한다. 기업이 판매 가격을 높여야 매출과 이익이 늘어 월급을 올려줄 수 있는데 그러질 못했다.

코로나 이후 전 세계가 물가 상승률에 제품 가격을 올리고 있다. 제품의 기초인 원자재 가격이 폭등하니 어쩔 도리가 없다. 이런 와중에도 일본은 물가 상승률이 0퍼센트일 정도다. 도매 물가는 상승했지만 기업이 가격을 올리지 못하고 주저한다. '과연 올려도 되는 것인가'라는 생각까지 할 정도로 일본 기업은 현상 유지만 하고 있었다. 이런 와중에 일본 정부는 소비세를 2019년 10월에 10퍼센트로 올렸다. 소비자가격은 상승하지만 그 돈이 기업이 아닌 정부로 간다. 여전히 기업의 매출과 개인의 소득이 늘어날 가능성이 차단된다.

일본 정부는 부족한 세수를 그런 식으로 늘려왔다. 고령인구가 늘어나면서 돈을 쓸 곳은 많지만 전체적인 활력이 떨어지면서 세금을 걷을 곳이 없으니 소비세로 이를 보전한다. 덕분에 사회보장 재원이 확보되고 세원이 늘었지만 '부자 국가 일본에 살아가는 일본 국민은 가난하다'라는 현실이 갈수록 더욱 심각해진다. 아베노믹스로 잠시 반짝였던 경기마저도 안 좋아지기 시작했는데 코로나 이후는 더욱 걷잡을 수 없었다.

백약이 무효

이런 현상이 고령화 국가의 운명은 아니다. 갈라파고스 신드롬에 가깝다. 일본은 내수만을 염두에 둔 제품을 생산하며 고립을 자초하고 있다. 1억 2,700만 명이나 되는 인구로 자급자족이 가능했기에 생긴 현상이다. 이를 한국에서도 펼쳐질 미래라고 단순하게 보는 것은 다소 억측이다. 많은 선진국이 고령화 현상을 겪었지만 일본과 다른 길을 걸은 국가도 많다.

일본의 현 상황은 거의 백약이 무효다. 국민도 임금이 늘어나지 않는 사회를 받아들이면서 체념하고 살아가는 듯하다. 여전히 일본은 국제사회에서 막강한 영향력을 발휘하고 GDP도 결코 무시하지 못할 수준인 것은 사실이다. 전 세계에 깔아놓은 자산만 해도 엄청나다. 한국의 반면교사로 훌륭한 스승이 되는 듯하다.

3부

대침체

모든 국민을
잘살게 하자

골디락스 경제

금발머리 소녀 골디락스는 숲에서 오두막을 발견하고 들어
갔다. 배가 출출하던 차에 수프가 담긴 그릇 3개를 발견했다.
아빠 곰의 수프는 뜨겁고, 엄마 곰의 수프는 식었고, 아기 곰
의 수프는 적당해서 먹기 좋았다. 골디락스는 신나게 아기 곰
의 수프를 먹고 가장 푹신한 아기 곰의 침대에서 달콤한 잠을
잤다. 집주인이었던 곰 세 마리가 집에 도착하고 아기 곰 침
대에 누운 골디락스를 발견했다. 잠에서 깬 골디락스는 소스

라치게 놀라 도망쳤다. 이 내용은 유명한 영미권 동화《골디락스와 곰 세 마리》의 내용이다.

1990년대 중반부터 2000년대 중반까지 전 세계의 경제를 가리켜 '골디락스 경제'라는 표현을 쓰곤 한다. 뜨겁지도 차갑지도 않은 호황으로 중국에서 저렴하게 생산한 제품 덕분에 물가는 안정됐다. IT혁명으로 신기술이 대두되면서 새로운 직장이 생기고 취업도 쉬워졌다. 미국은 이런 안정적인 경제 상황을 바탕으로 먹고살기 좋은 시절이 이어졌다. 모든 국가가 다 그러하듯이 미국 정부의 목표는 온 국민이 전부 다 잘살게 하는 것이었다.

미국 정부는 교육에 많은 예산을 투입했다. 교육을 잘 받은 개인은 소득이 증가하고 생활이 개선된다. 문제는 정부의 노력에도 불구하고 높아지지 않는 미국인의 교육 수준이었다. 빈민은 계속 늘어나고 학생이 고등학교를 졸업하지 못한 채 성인이 되어 사회에 적응하지 못하는 악순환이 반복됐다.

교육은 소득을 올리는 가장 확실한 방법이지만 시간이 너무 오래 걸린다. 미국 정부는 저소득층의 소득을 올리는 가장 빠른 방법을 찾아냈다. 바로 저소득층에게 주택을 직접 공급하는 것이다.

정부는 이를 담당할 업체로 패니메이와 프레디맥을 선정했다. 두 업체는 정부가 저소득층에게 대출을 지원하기 위해 활용하는 기관이었다. 정부에서는 이들을 통해 저소득층을 위한 대출을 지원하기로 했다. 두 업체는 정부의 지원금으로 저소득층에게 대출을 해주기 시작했다. 1995년에는 전체 대출의 42퍼센트가 저소득층에게 나갔고 2000년에는 그 비율이 50퍼센트까지 증가했다. 2004년에는 56퍼센트까지 또다시 증가했다. 저소득층 대출이 돈이 되는 시장으로 변모하자 많은 대출업체가 이 시장에 뛰어들었다. 2007년에는 저소득층에게 나간 대출이 전체에서 무려 70퍼센트에 달했다.

미국 정부가 국민에게 주택을 지원하는 건 오래된 전통이었다. 미국 정부는 제2차 세계대전에 참전했던 군인들에게 주택 구입비를 지원했다. 참전 후 살아갈 집이 없는 국민에게 정부가 해줄 수 있는 지원이었다. 토지가 있는 사람에게는 건축 자금을 장기 저리로 대출해준 덕분에 주택 보급률이 높아졌다. 집이 생긴 참전 군인의 애국심은 한껏 고취될 수밖에 없었다.

패니메이와 프레디맥을 비롯한 대출업체의 저소득층 대

출이 처음부터 잘된 것은 아니었다. 정부가 대출을 해준다고 해도 저소득층은 갚을 여력이 없으니 쉽사리 받지 않았다. 정부의 독려에 대출업체는 영업사원을 충원했다. 가가호호 방문하며 저소득층에게 대출을 권유했다. 그러자 저소득층임에도 불구하고 이자만 내면 된다는 생각으로 대출을 받는 사람이 나오기 시작했다. 주택 담보 대출을 많이 받은 지역일수록 집값 상승률이 그렇지 않은 지역보다 더 높았다. 그럴 수밖에 없었다. 빈민층이 많은 저소득 지역일수록 주택 담보 대출을 더 많이 받았기 때문이다.

부채가 급격히 증가한 가구는 대부분 주택 담보 대출을 받은 저소득층에 속했다. 저소득층이 구입한 주택은 가격이 상승했다. 주택 가격이 상승한 만큼 대출을 더 받을 수 있었다. 대출을 받은 만큼 소비력이 강해졌다. 예를 들어 한 미국인이 대출을 받아 2억 원짜리 주택을 구입해서 실제로 거주했다고 하자. 곧 주택 가격이 올라 3억 원이 되면 추가로 1억 원을 더 대출받을 수 있었다. 사람들은 추가 대출받은 돈으로 물건도 사고 이자도 내면서 즐거운 시간을 보냈다.

클린턴 정부는 저소득층을 위한 서민용 주택을 지어서 공급할 생각이었다. 부시 정부는 주택 보유율을 올리겠다는 의

도로 저소득층을 위한 대출을 실행했다. 정권은 달라도 국민을 위하겠다는 정책은 일관성 있게 유지됐다. 골디락스 경제까지 결부되면서 미국은 유례없는 호황을 맞아 온 국민이 흥청망청 소비를 할 수 있었다. 미국인의 소비력은 전 세계에 엄청난 영향을 끼쳤다. 중국을 비롯한 수많은 국가가 자국의 저렴한 제품을 미국에 수출했다. 미국은 제품을 전부 수입해서 소진할 정도로 소비 대국이었다.

주택 가격이 오를 것 같다고 느끼자 소득이 별로 없는 사람도 주택을 구입했다. 내 돈 없이 대출만으로도 가능했다. 부의 효과가 제대로 작동했다. 소득이 없어도 대출로 받아 구입한 주택의 가격이 오르자 대출을 더 받아서 소비를 했다. 이런 상황이 미국에서 계속 펼쳐졌다. 고소득층과 달리 저소득층이 쓴 돈은 노동이 아닌 정부로부터 나온 돈이나 마찬가지였다.

저금리

당시에 미국의 연방준비제도는 저금리를 유지했다. 대출을 통해 유동성이 공급되는데 금리를 올릴 생각을 전혀 하지 않았다. 금리가 올라갈 수도 있다는 생각을 원천적으로 봉쇄하려 했는지 당시 연방준비제도의 앨런 그린스펀 의장은 "자산 가격이 계속 상승해서 거품이 아무리 많이 쌓여도 개입하지 않겠다"라고 공언했다. 자신감을 갖고 마음껏 투자나 투기를 하라는 시그널이나 마찬가지였다. 야성적 충동을 갖고 자산시장에 참여해도 된다는 뜻이었다.

금융계도 역시나 이 기회를 놓치지 않았다. 금융회사는 수익을 내기 위해 언제나 노력한다. 주식투자는 가장 확실한 방법이지만 변동성이 너무 심하다. 고객에게 권하기가 그리 쉽지 않다. 대부분 금융사는 주로 채권을 권한다. 채권은 금융에서 가장 큰 비중을 차지하지만 수익률은 상대적으로 낮다. 큰 자금을 운영하는 입장에서는 0.1퍼센트라도 큰돈이지만 평범한 개인에게는 큰 의미가 없다. 그래서 금융사는 주식보다는 다소 부족하더라도 일정 수준 이상의 수익을 채권처럼 안전하게 보장하는 상품을 개발하려고 노력해왔다.

다 함께 잘살게

이런 금융사의 입맛에 딱 맞는 상품이 탄생했다. 부채담보부증권이라 불리는 CDO(Collateralized Debt Obligation)다. 모기지대출(주택 담보 대출)을 기초로 만들어진 상품이었다. 이 채권 안에는 고소득자의 주택담보채권도 있지만 저소득자의 주택담보채권도 있었다. 그 덕분에 수익률이 일반 채권보다 높았지만 고소득자의 담보 대출이 있기에 위험이 생길 우려는 극히 희박하다고 봤다. 투자은행은 이 상품을 여러 기관에 팔면서 수익을 냈다. 기관도 이 상품을 매입하고 또다시 개인에게 팔면서 손쉽게 수익을 냈다. 다양한 성격의 채권이 섞여 있는 덕분에 부도가 날 확률이 거의 없다는 데이터를 본 모든 금융사가 뛰어들어 거래했다.

모든 국민에게 주택을 지원해서 다 함께 잘살게 하자는 미국 정부의 정치적 목적은 달성된 듯했다. 저소득층은 주택을 구입하면서 자산 가격이 상승했기 때문에 소득이 늘어나지 않아도 소비를 할 수 있었다. 저소득층이 받은 대출로 만든 채권은 안전하고 높은 수익을 보장해서 금융사와 부자가 돈을 벌 수 있게 해줬다. 골디락스까지 함께 펼쳐지면서 더할 나위 없이 좋은 시절이 이어졌다.

또다시 버블이 쌓였다.

무엇이 위험한지
몰랐다

블랙 스완

2008년 10월 미국 주식 시장은 폭락 중이었다. 5주 동안 30퍼센트 가까이 떨어졌다. 리먼브러더스처럼 잘나가던 투자회사가 파산했다. 라스베이거스 주택 가격은 40퍼센트나 떨어졌다. 유일하게 오르는 것은 실업률이었다. AIG를 비롯한 금융사에 공적자금이 수천억 달러가 들어갔다. 주요 신용평가회사인 S&P, 무디스 등은 주택저당증권, 즉 MBS(Mortgage Backed Security)에 들어간 수조 달러가 회수 불능에 빠진 책임을 져야 했다.

금융위기가 터지며 '블랙 스완(Black Swan)'이라는 단어가 빛을 발했다. 아주 희박하지만 블랙 스완이 나타났을 때 생기는 파급 효과는 어마어마하다. 도저히 벌어질 수 없는 상황을 일컫지만 꼭 그렇지는 않았다. 산업재해로 중상자가 1명 발생하기 전에 경상자가 29명, 부상을 당할 뻔한 잠재적 부상자가 300명 있었다는 사실을 밝힌 '하인리히 법칙'처럼 미리 예측할 수 있었다.

신용평가회사

금융위기의 단초가 된 MBS를 제대로 아는 사람은 없었다고 한다. 그 증권을 다루고 판매하는 사람마저도 말이다. CDO는 MBS를 비롯해서 회사채나 금융회사의 대출채권 등을 한데 묶어 유동화한 신용파생상품이다. CDO에 신용평가회사인 S&P가 AAA등급을 매기면 이 증권이 5년 안에 지급 불능이 될 가능성은 0.12퍼센트다. 850건 가운데 겨우 1건밖에 없다는 뜻이다. 이처럼 안전한 AAA등급을 받은 상품이니 사람들은 어떤 위험이 있는지 전혀 따지지 않았다.

하지만 S&P 내부 자료에 의하면 AAA등급 CDO 가운데 약 28퍼센트가 지급 불능이었다. 한마디로 실제 알려진 지급 불능 가능성 0.12퍼센트에 비해 무려 200배 이상 더 높았다는 뜻이다. 신용평가회사는 CDO의 안정성이 확인되지 않았음에도 AAA등급을 매겼다.

2004년 뉴스에는 주택 거품이라는 단어가 8번 등장했지만 2005년에는 무려 3,447번이나 구글에서 검색되었다고 한다. 어느 날 갑자기 블랙스완이 나타난 것이 절대로 아니다.

신용평가회사들은 2007년 주택 시장 부실 문제가 확실해지고 주택 차압률이 두 배로 오르자 비로소 MBS의 신용 등급을 낮췄다. 그들은 자신들에게 큰 수익을 안겨주는 상품이 중단되지 않기를 바랐을 뿐이다.

CDO등급 평가의 97퍼센트를 S&P와 무디스가 했다. 이런 신용평가회사들은 국가의 허가를 받는 과점 기업이라 저렴한 임금으로 직원을 쓸 수 있었고 CDO를 평가받아야 하는 회사에게 돈을 받았다. 평가받는 회사가 많으면 많을수록 이익은 늘어났다. 이런 사태가 터진 것은 그들이 탐욕스러웠거나 무지했다는 증거일까.

단순하게 이야기해서 위험이 서로 다른 모기지 채권을 모아 조합한 것이 CDO다. 위험과 수익이 서로 다른 모기지로 구성된 CDO는 지급 불능이 될 확률을 5퍼센트로 보고 있다. 모기지 5개를 모은 후 이 모기지들이 모두 수익을 지급하는 알파 풀(Alpha Pool)이 가장 안전하고 5개 모기지 중에 하나라도 지급 불능이 되면 한 푼도 받지 못하는 것이 가장 위험한 엡실론 풀(Epsilon Pool)이다. 투자자는 가장 위험하지만 매입 가격이 저렴하고 수익이 큰 엡실론 풀을 선호했고 위험을 싫어하는 투자자나 기관들은 알파 풀을 선호했다.

이 모기지는 저소득층의 일용직 근로자 등이 받은 주택 담보 대출과 고소득층의 개업의사 등이 받은 주택 담보 대출이 함께 포함되어 있어 서로 영향을 주지 않는다고 봤다. 그만큼 안전하게 묶여 있어 CDO가 지급 불능이 될 가능성이 거의 없다며 AAA등급을 매겼다. 기관은 5개 모기지가 모두 시급불능이 될 리 없다는 알파 풀에 근거해서 무한대 수익을 안정적으로 낼 수 있다고 믿었다. 주택 가격의 변화로 인해 5개 모기지가 연결될 가능성은 완전히 배제했다.

신용평가회사들은 불확실성을 위험이라고 인지하고 가격

을 산정했다. 위험은 가격을 정할 수 있지만 불확실성은 가격을 정할 수 없다. 위험을 얼마나 감당할 것인지 계산한 후에 베팅하면 된다. 불확실성은 이런 위험을 측정할 수 없다. 위험(risk)과 불확실성(uncertainty)을 이렇게 구분해야 했다. 신용평가회사는 모든 불확실성을 예측 가능한 위험으로 여기고 등급별로 가격을 매겨 거래했다. 심지어 신용평가회사는 지급 불능의 위험을 200배나 낮게 예측했을 뿐만 아니라 심지어 소수점 둘째 자리까지 계산했다. 정밀하게 계산했지만 정확한 지점이 아닌 엉뚱한 곳을 계산한 꼴이 되었다. 이렇게 보고 싶은 것만 보면서 수익에 혈안이 되었던 것이다.

주택 가격은 옆집의 영향을 받는다. 30평 아파트 신규 분양가가 5억 원이라면 근처에 있는 3억 원짜리 30년 된 30평 아파트가 너무 싸게 느껴진다. 30년 된 아파트가 4억 원으로 올라도 이상하게 느껴지지 않는다. 이처럼 미국에서 구축 주택의 가격이 4억 원을 넘자 신축 주택은 5억 원이 넘어간다. 공포를 느끼지 못할 만큼 점점 탐욕스러워졌다. 탐욕으로 상승한 주택 가격을 근거로 구성된 것이 바로 MBS였다.

2007년 미국 중산층의 전체 자산 가운데 65퍼센트가 주택에 묶여 있었지만 그나마 그렇기에 덜 가난했다. 주택 가격이 떨어지며 부의 효과도 함께 감소하면서 소비가 위축되었다. 전체 금융 거래 금액에 비하면 주택 거래 금액은 미미했다. 신기하게도 주택을 기초로 한 MBS는 대출받은 사람의 1달러를 근거로 금융 거래가 50달러나 진행됐다. 이 돈은 전부 레버리지였다. 이런 상품으로 수익을 냈던 리먼브러더스와 같은 회사는 대가를 치러야 했다.

레버리지

2006년부터 2009년까지 전국 주택 가격은 30퍼센트 하락했다. 대출을 받은 주택은 역 레버리지 효과를 생각하면 순자산으로 따질 때 훨씬 크게 하락했다. 부동산 가격이 폭락할 동안 건물이나 주택이 무너지거나 폭파된 것은 아니었다. 주택에는 아무런 문제도 없었는데 가격이 폭락했다. 단지 주택 가격이 하락했을 뿐인데도 소비는 줄어들었고 은행은 위기를 맞으며 부도까지 벌어졌다.

경기 침체는 호황 뒤에 벌어지는 결과다. 경기 침체가 일어나기 전에는 언제나 가계 부채가 급증한다. 가계 부채는 양날의 검이다. 가계는 지렛대로 무거운 돌을 움직일 수 있는 것처럼 대출을 지렛대로 삼아 적은 자본으로 비싼 주택을 구입할 수 있었다. 돌이 너무 무거우면 지렛대가 무게를 견디지 못하고 부러진다. 과도한 가계 부채는 무게를 견디지 못하는 지렛대와 같이 가계를 나락으로 떨어뜨린다.

전체 일자리 중 15퍼센트가 사라졌다. 주택을 매수하지 않았던 사람에게도 똑같이 벌어진 일이었다. 가계 부채 증가와 자산 가격의 폭락에 따른 경기 침체는 필연적으로 반복된다. 대출을 받은 가계는 주택 가격이 하락할 때 순자산이 더욱 줄어든다. 순자산이 줄어든 가계는 소비를 줄일 수밖에 없다. 회사는 매출이 줄어들며 경제가 전반적으로 큰 타격을 받는다. 미국에서도 대출을 많이 받은 주일수록 주택 가격 하락 폭이 더 크고 경제적으로 힘들어졌다.

모두가 술에 취해 흥청망청할 때는 모든 것이 아름답게 보인다. 술에 취해 몸을 가누지 못하는 사람을 봐도 나도 술에 취했기에 춤추는 것처럼 보인다. 증가하는 가계 부채로 만든 CDO로 파티를 벌인 미국과 전 세계는 난리가 난 것을 깨달았다. 대출을 통한 자산 가격 상승은 종말을 맞이했고 그 대가는 고통스러웠다. 화마가 옆집으로 번지듯이 미국에서 시작한 금융위기는 전 세계를, 특히 경제적으로 취약한 국가부터 집어삼켰다.

감염과
전염

미국이 감염되면 전 세계에 전염된다. 미국에서 촉발된 금융 위기는 체인처럼 연결된 전 세계로 퍼졌다. 체인을 휘두르면 끝부분이 가장 크게 요동치듯이 금융이 취약한 국가일수록 먼저 무너졌다. 차례차례 무너지다가 그 여파가 유럽으로 번졌다. 선진국이라고 믿었던 유럽의 민낯이 전부 드러났다.

그리스에는 푸른 바다 앞에 하얀 주택이 계단식으로 펼쳐진 산토리니뿐만 아니라 수많은 문화유산이 있다. 전 세계에서 오는 관광객 덕분에 그리스에는 관광 산업에 종사하는 사람이 대부분이었다. 그리스에서 중노동으로 분류한 직종의 종사자는 연금을 받았다. 남자 정년은 55세, 여자는 50세였다. 중노동에는 미용사, 웨이터, 음악인을 비롯한 600개 직업이 포함돼 남은 인생을 연금만으로 살 수 있었다.

그리스는 복지를 위한 재원이 많이 필요했지만 세금은 거의 걷지 않았다. 절세가 아닌 탈세가 만연해서 세금 신고를 하지 않는 것은 사회 고위층에게 당연했다. 만약 탈세를 의심받아도 뇌물을 주면 즉시 해결될 정도였다. 국가 차원에서도 마찬가지였다. 그리스는 GDP가 15퍼센트 감소했지만 유로에 가입하기 위해서 3퍼센트 감소했다고 조작했다. 그 덕분에 그리스는 유로에 가입했다. 그리고 버블이 시작됐다.

그리스의 금리는 독일보다 높을 수밖에 없다. 유로에 가입하기 전까지 그리스의 금리는 독일보다 10퍼센트 정도 높았지만 유로에 가입하자마자 똑같아졌다. 그리스는 독일과 똑같은 금리를 적용하며 인플레이션이 발생했지만 공식적으로는 나타나지 않았다. 그리스는 전기, 수도 요금을 올리지 않고 세금마저 낮췄다. 정부의 예산 지출을 기록하지도 않고 인플레이션 측정에 포함되는 물건 가격이 오르면 다른 물건으로 대체해버렸다.

더 이상 물러날 곳이 없어지자 결국 은퇴 연령을 높이고 연금 지급 금액을 낮추는 법안을 만들었다. 그리스 정부도 내부의 썩은 시스템을 솔직히 밝히고 자신의 시스템을 제대로 구축하려고 노력했다.

그리스에게는 독일의 도움이 필요했지만 독일은 자신이 노력한 결과에 그리스가 무임승차했다고 생각했기에 거절했다. 그리스에는 반대 시위가 일어났다. 자신들이 지금까지 누려왔던 공짜 이득을 절대로 빼앗길 수 없다는 시위였다. 당시 그리스의 행태는 뻔뻔하다는 말을 들을 정도로 도덕적 해이가 심했다.

아일랜드

부동산 대출이 무제한으로 가능했던 아일랜드에는 2000년대 들어 부자가 엄청나게 많아졌다. 매수한 주택의 가격이 상승해 돈을 번 사람들이었다. 아일랜드 노동자의 5분의 1이 주택 건설에 종사했다. 이로 인해 건설업은 아일랜드 GDP의 4분의 1을 차지했다. 아일랜드 수도인 더블린은 94년부터 10년이라는 기간 동안 집값이 무려 500퍼센트 상승할 정도로 아찔했다. 심지어 금리도 저렴했다. 독일보다 저렴한 금리였다. 은행에서 돈을 빌리지 않는 사람이 이상했다. 외국에서 아일랜드로 돈이 들어온 덕분이었다.

아일랜드에서 버블이 터진 후 건축 허가가 난 주택 18만 채 중에서 무려 10만 채가 공실이었다. 아일랜드 인구보다 주택이 더 많다고 할 정도였다. 아일랜드 은행의 부동산 대출 손실은 무려 1,000억 유로가 넘는데 한국 돈으로 100조 원을 훨씬 초과하는 액수였다. 실업률은 14퍼센트 상승했고 GDP의 30퍼센트가 넘는 적자 예산을 기록했다.

주택 가격이 해당 국민의 소득이나 임차료에 비해 과도하게 상승하면 상승할수록 더 큰 폭으로 떨어진다는 사실을 아일랜드는 보여줬다.

독일

독일은 과거 하이퍼인플레이션을 겪어 근면과 검소의 모범이 된 국가였다. 빚을 지는 걸 끔찍이 싫어했기에 금융위기 당시에 아무런 문제가 없었다고 생각했다. 오히려 그리스와 같은 국가가 벌인 일을 독일이 왜 도와주냐고 했을 정도였다. 독일은 대부분의 유럽국가에 최대 채권 국가이고 돈을 조달하는 역할을 했다. 부동산 가격도 바닥이었고 신용대출도 없었다. 이런 사정 때문에 독일 금융기관은 외부로 눈을 돌렸다. 미국의 서브프라임 대출이나 그리스의 국채까지 돈을 벌기 위한 투자를 했다.

　독일 정부가 무리를 한 것도 아니었다. 그저 수익을 조금 더 내기 위해 노력했다. 미국의 신용부도스와프, 즉 기업이나 국가가 부도날 경우 원금을 돌려받을 수 있는 CDS(Credit Default Swap)가 부도의 위기에 처했을 때 이를 신나게 매수한 것도 독일의 금융기관이었다. 저금리인 독일에서 조금 더 고금리인 곳에 투자를 했던 것이다. 독일은 금융위기가 터진 후 아일랜드 은행 1,000억 달러, 미국 서브프라임을 포함한 채권에 600억 달러를 포함해서 그리스 국채까지 손해를 봤다. 그토록 탄탄해 보였던 독일마저도 금융위기의 전염에서 빗이나진 못했다.

P.I.G.S

2010년대 들어 유럽은 또다시 몸살을 앓았다. 갑자기 피그스(P.I.G.S)라는 용어가 출몰했다. 포르투갈, 이탈리아, 그리스, 스페인을 가리키는 말이었다. 이들 국가는 국가채무위험과 국채가 위험해지는 사태를 경험한다. 이들 남유럽 국가는 재정 상황이 열악하고 해외 차입이 많았다. 감당할 수 없는 상황에 이르자 대규모 재정 적자와 실업이 벌어졌다. 위기가 팽배해지면서 유럽은 물론이고 전 세계 주가마저도 하락했다. 당시에는 피그스가 위험하다는 소식으로 뉴스면이 연일 도배되었다. 또다시 전 세계 금융위기로 번지는 것이 아닌가 하는 우려가 피어올랐다.

피그스는 제조업이 약하고 관광 산업이 발달했다. 찬란한 과거가 관광지가 되어 국가의 상당 부분이 서비스업에 집중되었다. 지중해 근처에 있는 국가들이라 농업이 발달하지 못했다는 공통점도 있다. 근면 성실과 별로 친하지 않은 국가였고 한때 제국주의 국가였다. 과거의 찬란했던 영광을 이제는 다 소진해버린 듯했다. 결국 구제금융까지 신청할 정도였다.

포르투갈은 GDP 대비 정부 부채가 88퍼센트였고 재정 적자는 9.3퍼센트에 이르렀다. 그리스도 GDP 대비 정부 부채가 126.7퍼센트에 재정 적자는 13퍼센트였다. 스페인도 GDP 대비 부채가 70퍼센트였고 재정 적자도 10퍼센트였다. 당시 EU의 안정 성장 협약은 재정 적자를 GDP 대비 3퍼센트 이내로 조절해야 한다고 규정했다. 피그스 국가들은 몇 배에 해당하는 재정 적자를 기록하며 상당히 오래도록 유럽을 넘어 전 세계에 여파를 미쳤다.

미국의 위기는 미국만의 문제로 끝나지 않는다. 미국의 가벼운 기침에도 한국은 몸살을 앓는다는 이야기를 할 정도로 파급 효과는 상상을 초월할 정도다. 한국뿐만 아니라 전 세계는 미국의 영향력 아래에 놓여 있다. 특히나 전 세계 금융은 미국의 시스템으로 구축되었다.

서브프라임 사태로 촉발된 미국의 금융위기가 국가별로 약한 고리를 치고 들어가 전 세계를 휘청이게 만들었다. 미국뿐만 아니라 GDP가 높은 국가에서 경제위기가 발생하면 문제가 없어 보였던 국가마저도 금융위기를 넘어 경제위기, 국가위기까지 겪을 수 있다.

반복되는
위기

미국에서 시작된 금융위기는 미국만의 일이 아니었다. 미국은 상대적으로 빠르게 회복했지만 전 세계는 그 이후로도 계속해서 몸살을 앓았다. 미국의 산업과 금융은 전 세계 밸류체인 처음부터 마지막까지 걸쳐 있다. 미국에서 만든 금융상품은 전 세계로 퍼져 수익을 극대화했기에 위기 상황에는 가장 안전한 미국으로 돌아간다. 많은 국가에서 만든 제품을 가장 많이 소비하는 국가가 미국이다. 미국의 소비가 줄어들면 전 세계는 제품을 팔 곳이 없어진다. 이런 상황 때문에 미국에 위기가 생길 때마다 전 세계는 격랑의 소용돌이에 휘말리고 만다.

산유국

두바이는 UAE를 구성하는 국가 중 하나다. 두바이 정부는 사막을 새로운 도시로 만들었다. 부동산 개발 사업으로 국가가 새롭게 탈바꿈했다고 할 수 있었다. 걸프만 토지를 개간하고 두바이랜드 휴양 시설을 개발하며 해안과 내륙을 잇는 운하도 구축했다. 전 세계에서 몰려들 정도로 발전하던 두바이였다. 이를 실질적으로 진행하던 두바이 월드가 지급 유예를 정부로부터 받으며 디폴트 위기에 빠졌다. 아부다비가 100억 달러를 구제금융 하면서 위기를 극복했지만 활력을 한동안 찾지 못했다.

2009년까지 베네수엘라는 400억 달러나 되는 외화를 보유하고 있었다. 산유국이라 석유 수출로 먹고사는 데 지장도 없었다. 국가는 석유 수출을 믿고 국민에게 세금을 거둘 생각은 하지도 않고 퍼주기만 했다. 선심성 정책은 석유를 수출한 돈으로 해결했다. 금융위기가 터지며 배럴당 150달러였던 석유 가격이 2.3달러까지 떨어졌다. 가뜩이나 재정 균형이 무너진 상태에서 석유 가격이 떨어졌는데 베네수엘라 석유는 중질유로 정제 처리가 더 필요했다. 위기가 닥치자 수출의 96퍼센트를 차지하던 석유는 베네수엘라를 나락으로 떨어뜨렸다.

중국

2011년 중국은행은 거시 건전성 지표에서 3단계였다. 이는 아이슬란드, 아일랜드와 비슷할 정도였다. 이 기간에 무려 17조 5,000억 위안이 은행 대출을 통해 부동산 시장으로 흘러 들어가 가격 상승을 주도했다.

2013년이 되자 광다은행이 공상은행에 6억 위안을 상환하지 못할 것이라는 소문과 함께 금융위기가 곧 시작된다는 설이 돌았다. 이에 따라 상하이지수가 하루 만에 5.5퍼센트 폭락하며 2000선이 무너졌다. 2009년 금융위기 이후 최대 낙폭이었다. 중국은 은행도 국가에서 통제를 하며 당시에 유동성 위기가 왔는데도 긴축하면서 버블을 줄이려고 했다. 연일 위기가 온다는 소문이 돌면서 전 세계 자본 시장이 하락했다.

브라질은 철광석을 호주에 이어 두 번째로 많이 수출하고 대두를 전 세계에서 가장 많이 생산하는 국가다. 룰라 실바 대통령이 집권했을 때는 재정지출을 줄이며 인플레이션을 막고 저소득층 대상으로 조건부로 현금을 지급하는 제도인 보우사 파밀리아(Bolsa Familia)와 굶주림을 제로로 만드는 사회를 가리키는 포메 제루(Fome Zero)로 대표되는 복지 정책 등을 통해 빈곤층을 30퍼센트에서 15퍼센트까지 줄였다.

브라질은 2015년까지 5분기 연속 마이너스 성장을 기록하고 화폐가치가 폭락했다. 국제 신용평가회사인 S&P는 브라질의 신용등급을 투기등급으로 강등했다. 철광석 최대 수입국인 중국의 부동산이 침체되며 2011년 톤당 180달러였던 철광석 가격이 2015년 50달러 선까지 폭락했다. 원자재 가격도 함께 폭락하며 화폐가치가 떨어지자 수입 물가가 상승했다. 물가를 잡고자 고금리 정책을 펴자 경제가 악화됐다.

중남미에 있는 푸에르토리코는 북중미의 그리스라고 불릴 정도였다. 저렴한 인건비와 세금 정책으로 미국의 기업을 끌어들이고 투자를 받았다. 전자, 의류, 식품 등의 공장이 세워져 미국에 수출하며 경제가 좋아졌다. 미국이 다른 중남미 국가들과 자유무역협정을 맺으며 경쟁력이 떨어지자 2007년부터 2014년까지 경제는 역성장을 하고 노동력도 16퍼센트나 줄었다. 2015년이 되자 실업률은 12.2퍼센트나 됐다. 근로자가 일해서 최저임금을 받는 돈보다 빈민층 가구 정부 지원으로 다달이 받는 돈이 많았다. 결국 푸에르토리코는 720억 달러에 달하는 채무를 갚지 못한다고 파산 신청을 했다.

러시아

2014년 러시아의 우크라이나 크림반도 침공으로 시작된 서방 국가의 제재로 러시아는 경제적으로 힘들어졌다. 여기에 유가폭락까지 겹치면서 러시아 루블화 가치가 2013년에 비해서 절반으로 하락했다. 이러자 CDS 프리미엄이 폭등하며 러시아가 디폴트까지 간다는 소문이 돌았다. 위태하던 러시아 신용을 2015년 무디스가 '정크' 등급으로 강등했다. 자원국가인 러시아는 자원의 가격에 따라 경제 상황이 영향을 받는 편인데 2015년 말에 유가가 다시 30달러로 떨어지며 회복이 어려워졌다. 2015년 GDP 순위가 15위로 떨어질 정도로 러시아의 경제는 크림반도를 차지한 후에 오히려 더 악화됐다. 정치가 경제에 어떤 영향을 주는지 알려주는 사례다.

튀르키예는 금융위기 이후에도 꾸준한 경제 성장률을 보였다. 2010년과 2011년에도 8퍼센트였고 그 이후로도 3~4퍼센트였다. 튀르키예는 자원이 부족하고 저렴한 노동력으로 제품을 가공해 수출하는 구조다. 여러 에너지 자원을 수입해야 해 늘 외환이 불안했다. 이에 따라 화폐가치가 수시로 떨어져서 2007년에 새로운 튀르키예 리라를 도입해서 100만 분의 1로 리디노미네이션(Redenomination)을 했다.

그럼에도 2013년부터 2021년까지 환율이 무려 350퍼센트까지 상승했다. 자연스럽게 인플레이션이 발생했다. 이를 잡기 위해 금리를 높여야 하는데도 튀르키예 대통령 에르도안은 2014년부터 집권하면서 이를 철저히 무시했다. 지속적으로 금리를 낮게 유지하며 국민을 더욱 고통스럽게 하는 실정이다.

2010년대 후반부터 세계 경제는 불안 요소가 가득했다. 장기 금리와 단기 금리가 역전되기도 했다. 오래 보유해야 하는 장기 금리가 더 높아야 하는데 단기 금리가 더 높아졌다. 경제가 어찌 될지 모르는 상황이 오자 길게 보유하기보다는 짧게 보유하며 수익을 내려는 경향이 강해졌기 때문이었다.

유럽은 예금 금리가 마이너스가 되었다. 돈을 은행에 맡기면 이자를 주기는커녕 오히려 이자를 내야 했다. 일반인에게 그런 마이너스 금리를 적용하지 않았지만 기관 등에는 그런 금리를 적용했다.

세계 경제가 늪에서 헤어 나오지 못할 때 코로나가 터졌다. 2020년 3월 전 세계의 주식 시장은 전부 폭락했다. 코로나로 인해 전 세계 경제는 물론이고 일상까지도 봉쇄될 것이라는 위기감이 대두되었다. 이에 따라 여행 수요가 감소하고 공장도 멈추는 상황이 오자 석유 사용도 줄어들 것이라 예상되었다. 사우디아라비아와 러시아는 감산 협상을 했으나 결렬되고 사우디아라비아는 오히려 더 증산하기로 한다. 상황이 이렇게 되자 공포는 더욱 팽배해지면서 전 세계 주가는 연일 폭락했다.

2020년 2월 말부터 4월 초까지 주가는 하락을 거듭했다. 다우존스 지수는 3월 9일 7.79퍼센트, 3월 12일 9.99퍼센트, 3월 16일 12.93퍼센트 하락할 정도로 공포가 전 세계를 집어삼켰다. 이런 폭락은 2008년 금융위기 이후 처음이었다. 큰 폭의 하락이 일어날 때 주식 거래를 잠시 중단시키는 서킷

브레이커가 작동할 정도였다. 당시 이탈리아 증시는 하루에 16.92퍼센트가 하락할 정도로 낙폭이 컸다. 전 세계 주식 시장이 폭락하며 공포가 모든 사람을 짓눌렀다. 4월 초까지 끝을 모르고 연일 하락했던 전 세계 주식 시장은 그 이후로 유동성이라는 선물을 받으면서 상승하기 시작해 많은 국가에서 사상 최고의 주가지수를 기록했다.

언제나 공포에 휩싸여 끝이 보이지 않을 때 바닥이었고, 다들 환호에 차서 기쁨이 넘칠 때가 가장 위험한 순간이었다. 이런 사이클은 계속 반복되고 또 반복된다는 걸 다시 한번 확인할 수 있다. 한국은 그러지 않았을까. 한국으로 이제 가보도록 하자.

4부

흥망성쇠

최고의
시기

고성장

"그때가 좋았지!"

"예전이 참 그리워!"

어르신들이 이런 이야기를 하며 추억하는 시기가 바로 1990년대라고 할 수 있다. 모든 사람이 '할 수 있다'라는 희망에 부풀었던 시기였다. 그동안 우물 안 개구리처럼 세상과 다소 떨어진 상태로 살아가던 한국이 1986년 아시안 게임과 1988년 올림픽 게임으로 '세계 속의 한국'을 알렸다. 두 번의 세계적인 축제는 가난한 국가라 여겨졌던 한국이 세계의 당당한 일원이 되었다는 걸 만방에 알린 이벤트였다. 한국인의 자부심은 드높아졌고 그 여세가 1990년대로 이어졌다.

무엇보다 1990년대에는 200만 호 공급이라는 대통령의 공약으로 주택 시장이 안정됐다. 분당, 일산, 평촌, 부천, 산본 등의 1기 신도시에 아파트가 건설되었을 뿐만 아니라 서울에도 중계동 등에 1990년대 초반에 아파트가 대거 들어섰다. 정부의 세제와 대출 혜택 등 정책 지원으로 일반 단독 주택과 다가구 주택 공급도 크게 이뤄졌다. 이로 인해 주택 가격은 1990년대 내내 상승하지 않고 안정적으로 유지됐다.

주택 가격이 상승하지 않고 국민소득은 증가했다. 1995년에는 1인당 GDP가 1만 불을 넘을 정도로 경제가 성장했기 때문이다. 해마다 두 자리 숫자의 소득증가율을 보여 사람들은 돈을 벌수록 자신이 더 잘살고 있다고 느꼈다. 덕분에 저축도 늘어났을 뿐만 아니라 소비력이 커졌다. 주택처럼 목돈이 나갈 일이 없는 상황에서 소득이 늘어나니 마음껏 소비했다. 당시는 신용카드가 대중화되기 전이라서 신용대출을 쓸 수 있는 때도 아니었다. 현금으로만 소비를 했던 시기라서 아무리 물건을 사도 가계 부채의 위기에 몰리지는 않았다.

자신이 중산층이라고 생각하는 사람이 1990년대에는 무려 70퍼센트나 될 정도였다. 누구나 자신감이 넘쳤다. 무슨 일이든 해낼 수 있다는 강한 믿음이 팽배한 시절이었다. 환율도 원달러 700원에서 800원을 오가며 안정적이었다. 경제성장률도 IMF 외환위기 직전까지 평균 8퍼센트에 달할 정도로 눈부셨다.

이런 성장률에 힘입어 1996년에는 그토록 가입하려 노력했던 OECD 회원국이 될 수 있었다. 아시아에서는 일본에 이어 두 번째로 가입국이었을 정도로 한국의 위상이 드높아졌다.

고성장이 이어지면서 일자리가 매년 50만 개가량 늘어났다. 일자리가 늘어나니 고용률도 가파르게 상승했다. 1994년에서 1996년 사이에는 고용률이 역사상 최고치인 61퍼센트까지 도달했다. 자연스럽게 근로자의 소득이 매년 20퍼센트 이상 증가했다. 이를 바탕으로 저축률도 15~20퍼센트가 될 정도로 높았다. 불평등 정도를 나타내는 지니계수도 90년대 초반이 역사상 가장 낮은 수준이었다.

주식회사 대우는 1990년대에 세계 경영을 기치로 좁은 한국에서 세계로 나갔다. 한국과 수교가 되지 않은 곳까지 진출하며 1996년에는 GM을 제치고 폴란드와 자동차 생산 계약을 맺는다. 김우중 회장의 책 제목《세계는 넓고 할 일은 많다》(북스코프)는 1990년대 한국을 상징하는 슬로건이 될 정도였다. 현대자동차에서 1990년에 만든 알파엔진은 국내 최초로 자체 개발한 엔진이었다. 이를 바탕으로 만든 소나타를 시작으로 한국은 자동차를 자체 생산하며 세계 자동차 생산 5위국가로 발돋움했다. 삼성전자에서 만든 4M D램은 1992년에세계 1위를 차지한다.

한국은 제조업의 활약에 힘입어 1990년대에 드디어 수출1,000억 달러를 돌파한다. 당시에 자동차, 선박, 화학 제품,전기전자, 기계류 등의 중화학공업 제품이 주력 수출 상품이었다. 그중에서도 반도체가 드디어 수출 품목 1위를 차지해서 1994년에는 단일 품목으로 국내 최초로 100억 달러를 돌파할 정도였다. 세계 선박 수주율 1위를 달성한 것이 이때였다. 세계 최초로 CDMA휴대전화를 상용화해서 수출을 할수 있었다. 지금은 낯설지만 고급 등산화나 손톱깎이, 낚싯

대 등이 세계 시장 점유율 1등을 차지했다.

이런 이유로 1990년대에 관해서는 전설 같은 소문이 많이 남아 있다.

'노점상이 하루 10만 원 버는 것이 거뜬했다.'

'지금은 사라진 비디오 대여점이 하루 매상을 80만 원이나 올릴 수 있었다.'

'자영업자의 하루 수익이 50만 원 이상도 가능했다.'

'당시에 제일 인기 없는 직업이 환경미화원과 공무원이었다.'

'대학에서 공부하지 않고 놀았어도 졸업만 하면 취직은 무조건 됐다.'

지금 실정에 도저히 불가능하다는 생각이 들 정도로 90년대에는 그런 분위기가 넘쳐났고 사람들이 하루를 희망으로 살 수 있었다.

구제금융
신청

IMF

'정부가 결국 국제통화기금 IMF에 구제금융을 신청하기로
했습니다.'

찬란했던 1990년대 말 청천벽력과도 같은 선언이었다. 우
리도 이제 선진국이 되었다고 축배를 들며 OECD에 가입
했던 때가 1996년이었다. 불과 1년 만인 1997년에 국가 부
도 선언이라는 끔찍한 일이 벌어졌다. IMF로부터 구제금융

을 받는다고 선언하는 그 직전까지 대부분 국민은 이를 잘 몰랐다. 한국의 외환보유액은 충분하다는 정부의 말을 믿었다. 하지만 모든 결과에는 징후가 있다. 1996년에 한국의 무역적자는 230억 달러였고 외채는 1,000억 달러를 넘었다. 1997년 외환보유고는 300억 달러에서 39억 달러로 줄어들고 가용 외환보유고는 20억 달러밖에 되지 않아 어쩔 수 없는 선택이었다. 1997년 외환위기는 결코 갑자기 벌어진 일이 아니었다.

한국 경제는 IMF 외환위기 전후로 나눌 수 있을 정도다. IMF 외환위기 이전에는 기업의 안정된 고용과 무분별한 차입경영이 아무런 문제가 되지 않았다. 당장 무리를 하더라도 결국 성공할 수 있다는 기대가 컸다. 1997년 경제 성장률이 7.9퍼센트로 1996년 9.6퍼센트에 비해서 낮아지긴 했어도 여전히 높았다. 지금은 상상할 수 없는 경제 성장률이지만 당시에는 경기 침체라고 할 정도였다.

기업들은 수출액이 줄고 채무가 폭증하고 있는 현실을 외면하고 구조 개혁이 아닌 사세 확장에 치중했다. 대마불사(大馬不死)라는 표현이 있었던 당시 10대 재벌의 부채 비율은 500퍼센트를 넘었다. 10대 재벌이 망하면 은행까지 영향을 받아 위험에 노출되는 구조였다. 부채가 무조건 나쁜 것은 아니지만 당시 재벌이 가진 부채는 성격이 안 좋았다. 자본이 충분하지 않았던 한국은 어쩔 수 없이 외국 자본을 끌어들여야 했다. 외환의 대부분이 장기가 아닌 단기 부채였다. 단기 부채는 언제든지 탈출할 수 있기 때문에 아주 작은 위험만 감지해도 빠져나갈 자본이었다.

동남아시아

아무 문제도 없으리라 믿고 싶었지만 1997년 태국, 말레이시아, 인도네시아 등이 외환위기에 빠지면서 여파가 한국까지 왔다. 이때 위기에 빠진 국가의 특징이 바로 단기 부채로 구성된 외환이었다. 수출이 잘 된다면 이를 해결할 수 있었겠지만 미국으로 수출이 부진해지자 단기 부채를 갚기는 힘들어졌다. 게다가 미국이 1997년 1월에 금리 인상을 시작하자 자본이 미국으로 회귀하면서 당장 갚아야 할 돈이 늘어났다. 원화 가치가 떨어지면서 생긴 일이었다. 고정 환율을 지키기 위해 달러를 쏟아부은 것도 한몫했다고 할 수 있다.

재벌뿐만 아니라 이제는 거의 사라진 종합금융회사의 영업 방식도 문제였다. 일본 같은 선진국에서 12개월 이내의

저이율로 단기 부채를 끌어들인 후 이를 동남아시아의 금융 시장에 장기 고이율로 대출했다. 별 어려움 없이 수익을 낼 수 있는 방법이었다. 편하게 돈을 벌던 종합금융회사는 동남 아시아 외환위기로 빌려준 돈을 받지 못했다. 종합금융회사 는 받아야 할 외환을 받지 못했기 때문에 단기 외채를 갚지 못하며 망했다. 이 사건은 한국의 외환을 더욱 부족하게 만 들었다.

고정 환율을 유지하기 위해 한국 정부는 달러를 쓸 수밖에 없었다. 외환보유액이 부족해지자 미국과 일본에 도움을 요 청했다. 당시 일본의 상황도 좋지 않았다. 동남아시아 외환 위기가 터지자 일본의 증권사와 은행이 파산해서 경제적으 로 위험한 상황에 몰리고 있었다. 되레 일본은 한국에게 빌 려준 돈마저 돌려달라는 요구를 했다. 미국은 당시에 한국의 자동차 산업에 무역 보복을 할 수 있는 통상무역법 301조, 이 른바 슈퍼 301조를 발동하려던 상황이었다. 미국도 한국의 요청을 끝내 거부했다. 이제 한국이 돈을 빌릴 수 있는 곳은 세계 어디에도 없었다.

믿었던 국가들로부터 외면을 받고 남은 선택지는 IMF뿐이었다. 잘 알려졌다시피 IMF가 그냥 돈을 빌려준 것은 아니다. IMF의 목적은 세계 무역 활성화인데 한국에는 국제 규격에 맞지 않는 규제와 제도가 많았다. 이를 철폐하는 것이 바로 돈을 빌려주는 조건이었다. 국내 금융기관에 외국인 투자자가 투자할 수 있게 인수합병을 허용하고 노동 시장의 유연성 확대와 기업 회계제도 투명성 확보 등에 동의할 수밖에 없었다. 특히 일반 국민의 피부에 와닿는 변화는 고금리와 정부 재정 축소였다.

고금리는 외화 유출을 막기 위한 방법이었다. 돈은 수익이 나오는 곳으로 움직이게 되어 있다. 한국이 고금리를 제시하니 외국에서 달러가 수익을 찾아 들어오게 된다. 자연스럽게 외환이 쌓였지만 20퍼센트까지 올라간 기준금리에 직격탄을 맞은 곳곳에서 곡소리가 났다. IMF 외환위기로 가격이 폭락한 자산을 외국인들이 헐값에 취득해서 후에 두고두고 논란이 됐다. 공식적인 정부 지출이 적게 노출되도록 이 당시 수많은 공기업을 만들었다.

그동안 비효율적이었던 기업을 구조조정 했다. 기업의 불

필요한 자산을 매각해서 부채 비율을 낮추게 했다. 워크아웃을 강력하게 실시하고 산업에서 중복되는 재벌 기업은 합병했다. 많은 은행이 통폐합으로 사라졌다. 당시 제일은행이 명예퇴직을 실행하며 만들었던 '눈물의 비디오'가 있다. 직원 4,000명이 감원되고 48개 지점이 폐쇄되는 제일은행 직원들의 모습을 담은 영상이다. 눈물의 비디오는 한국의 외환위기를 상징하는 대표적인 영상이 됐다.

1998년 한국의 단기 외채는 250억 달러나 되는데 외환보유고는 120억 달러뿐이었고 내야 할 이자는 150억 달러였다. 외환위기로 수많은 기업이 사라졌다. 재계 3위였던 대우의 부도는 전 국민에게 충격이었다. 대우를 시작으로 수많은 기업이 기억도 하지 못할 정도로 사라졌다. 기아, 거평, 극동, 뉴코아, 동아, 삼미, 신동아, 아남, 우성, 청구, 파스퇴르유업, 한보, 해태 등 이름을 들으면 모르는 이가 없을 정도로 입지가 있던 기업이었다. 재벌도 여러 기업으로 분할되기에 이른다. 일할 수 있는 시장이 사라지니 실업률은 1999년 2월이 되자 8.7퍼센트로 치솟았다.

자본 시장 개방과 기업 체질 개선 등 IMF의 요구를 따른 한국 사회와 경제는 완전히 탈바꿈했다. 1997년과 1998년에 사라진 기업이 무려 4만 개였고, 살아남은 기업도 정리해고를 할 수밖에 없었다. 평생직장 개념이 이때 사라졌다. 전 국민이 뜻을 모아 금 모으기 운동 등으로 십시일반 노력해서 2001년 8월 한국은행은 IMF로부터 받은 차입금 195억 달러 전액을 상환했다. 예정보다 3년 빨리 IMF 관리를 조기 졸업했다. 당시 IMF의 극약처방은 경제와 사회가 불안한 남미 모델을 무리하게 한국에 적용했다고 전문가들로부터 지적받았다. IMF도 당시 조치가 너무 가혹했다고 스스로 반성했고 이명박 정부 때 이르러서는 그때의 조치가 실수였다고 인정할 정도였다.

한국은 외환위기를 기준으로 이전과 이후로 나눈다고 할 정도로 엄청난 영향을 미쳤다. 트라우마라는 표현이 가장 알맞을 정도로 IMF라는 단어는 한국 경제와 사회에 여전히 신경질적인 반응을 불러일으킨다. 우리는 아직도 외환위기의 트라우마에서 자유롭지 않다. 한국 사회를 근본적으로 전부 변화시킨 엄청난 재난이었다.

기술
혁신

IT 붐

외환위기는 한국에 엄청난 충격과 공포를 불러일으켰다. 던진 공이 바닥에 충돌하고 더 높이 올라가려면 어떻게 해야 할까? 더 빨리 더 깊게 떨어져야 더 높이 튀어 오른다. 한국은 현대 역사에서 가장 빠르고 깊게 추락했다고 할 정도로 경제가 망가졌다. 더 이상 떨어질 곳 없는 바닥까지 추락한 경제는 1998년부터 본격적으로 회복하기 시작했다. 국내 총생산 실질 성장률이 1998년에는 5.1퍼센트로 하락했지만

1999년에 11.5퍼센트나 성장하면서 2000년대 중후반까지 평균 5퍼센트 이상 성장률을 지속했다.

한국 정부가 경제를 되살리기 위해 노력할 때 전 세계적으로 IT 붐이 일어났다. 망가진 주식 시장도 살리고 벤처 기업을 비롯한 중소기업도 지원하기 위해 정부 차원에서 IT 산업을 전략적으로 키웠다. 당시를 살았다면 누구나 기억할 새롬기술이라는 회사가 있었다. 다이얼패드라는 프로그램으로 전화기를 쓰지 않고 다른 사람과 통화를 할 수 있는 기술을 보유한 기업이었다. 컴퓨터를 통해 대화를 할 수 있다는 점이 선풍적인 인기를 끌었고 주가도 100배나 상승했다. 모두가 IT 기술이 모든 걸 바꿀 것이라 믿었다.

사람들이 돈이 된다는 생각과 함께 IT 관련된 기업으로 전부 몰려갔다. IT와 전혀 상관없는 기업도 회사명에 IT 관련 이름을 넣었다. 너도나도 제대로 된 사업 계획이나 실행도 없이 일단 IT 관련 회사를 설립했다. 손쉽게 돈을 벌 수 있는 가장 확실한 방법이었다. 고객에게 광고를 보면 현금을 준다며 인기를 끌었던 골드뱅크의 주가는 16일 연속 상한가를 치며 액면가의 60배까지 상승했다.

외환위기로 쪼그라들었던 주식 시장은 IT 버블과 함께 엄청난 시세를 분출했다. 외환위기 때에 288포인트였던 코스피는 2000년 1월 무려 1059포인트까지 상승했다. 코스닥은 60포인트에서 2000년 3월에 281포인트까지 상승했다. 주식 시장이 이렇게 호황을 보이자 경제적으로도 모든 것이 좋아 보였다. 모든 사람이 돈을 들고 주식 시장으로 달려갔다. 기초 없이 사상누각처럼 쌓인 주가는 욕망을 넘어 탐욕으로 점철됐다. 주식 시장에 우호적인 환경이 조성되고 주가가 상승하자 바이코리아 펀드, 박현주 펀드 등의 바람이 불었다. '경제를 살립시다' 등의 구호까지 결합된 애국 마케팅이 극성이었다.

한국 주식 역사에서 가장 급격히 주가가 상승했던 시기라고 하면 IT 버블 시기였다. 하지만 일장춘몽이었다. 광기에 휩싸인 주가 상승은 오래가지 못했다. 2000년 말에 코스피는 504포인트, 코스닥은 52포인트로 떨어졌다. '추락하는 것에는 날개가 없다'라는 표현처럼 엄청난 기세로 폭락했다. 스스로 삶을 포기하는 사람들이 나타날 정도로 사회적인 파장도 엄청났다.

코스피와 코스닥이 짧은 기간 폭등했다가 추락해버리자 벤처 기업과 닷컴이라는 이름으로 시작한 기업을 바라보는 시선은 완전히 달라졌다. 정부가 추진하던 여러 육성책 등의 혜택이 취소되기에 이르렀다.

당시에 수많은 벤처 기업이 망했지만 시중의 돈이 몰린 덕분에 지금의 네이버, 다음, 넥슨 등의 회사가 탄생할 수 있었다. 언제나 버블은 새로운 기술을 발전시키는 원동력이 된다. 옥석을 잘 가린다면 보석 같은 기업에 투자해서 큰 수익을 얻을 수 있다.

신용카드

'부자 되세요!'라는 말과 함께 전 국민이 부자가 될 수 있다는 열풍에 빠지게 만든 신용카드. 많은 사람에게 희망을 선사했지만 얼마 되지 않아 악몽으로 변했다. 정부는 내수 진작과 세금 징수를 위해 신용카드를 활용했다. 신용카드 현금서비스 한도를 풀고 카드를 쓴 만큼 소득공제를 해주고 신용카드 영수증 복권제도가 시행되었다. 점포마다 카드를 쓸 수 있는 결제 기계가 설치되었다. 무엇보다 전 국민 누구나 손쉽게 카드를 발급받을 수 있었다.

당시에는 카드를 만들 때 소득을 따지지 않았다. 사람들은 신용카드를 만들면 선물을 준다는 말에 혹해 길거리에서 신용카드를 만들기도 했다. 이런 상황이라 대학생은 물론이고 고등학생도 마음만 먹으면 신용카드를 만들 수 있었다. 먹고 마시고 쇼핑한 후에 현금이 아닌 카드를 긁는 것을 부의 상징으로 여겼다. 문제는 당장 소비하고 나중에 현금으로 갚는 신용카드의 시스템이었다. 사람들은 당장 현금을 내지 않으니 자신이 과소비한다고 느끼지 못했다.

이전까지 돈을 빌리려면 은행을 통해 꽤 어렵고 힘든 과정을 거쳐야 했다. 반면에 신용카드가 있으면 아주 손쉽게 현금서비스를 쓸 수 있었다. 뒷일은 생각하지 않고 일단 지르고 보자는 사람도 있지만 아직까지 IMF 외환위기에서 벗어나지 못해 생활이 여전히 힘든 가정도 많았다. 이들에게 간단하게 받을 수 있는 신용카드 현금서비스는 더할 나위 없이 편했다. 한 달 후에 카드로 쓴 돈을 갚을 길이 없자 '카드 돌려 막기'라는 방법이 나왔다. 갖고 있는 카드를 교차로 사용해서 일단 메꾸고 봤다. 돌려막기까지 하면서 커진 신용카드 빚을 감당하기 힘들어진 사람들이 속출했다. 카드 사용 금액 중 무려 60퍼센트가 현금서비스일 정도였다.

2004년 신용불량자가 무려 372만 명이나 나왔다. 이 중에서 239만 명이 신용카드로 인한 불량자였다. 많은 사람이 신용불량자가 되어 소비가 급감하며 경기가 침체됐다. 카드 대란이라 불리던 이 사태로 업계 1위인 LG 카드마저 부실해져 신한은행에 인수된다. 외환카드도 결국 론스타에 매각된다. 이 매각은 나중에 '론스타 먹튀' 논란으로 사회적인 파장을 불러온다. 카드 대란은 오랜 시간 한국 사회의 어깨를 무겁게 짓눌렀다.

재도약

외환위기 이후 기업이 체질을 개선하고 품질을 끌어올리면서 한국 기업은 글로벌화하기 시작했다. 우물 안 개구리가 아닌 세계 기업과 품질과 가격으로 무한 경쟁하는 체제로 변했다. 한국 기업이 내수보다 수출 위주로 변모하고 2000년대에는 경기도 활력이 돌며 주식 시장이 좋아졌다. 세계 경기 호황과 중국 특수 등으로 주식 시장에 관한 관심과 더불어 개인의 자금까지 모이면서 2007년에 코스피가 처음으로 2000선을 돌파했다.

그동안 억눌렸던 주택 시장도 2000년대에는 본격적으로 상승했다. 외환위기 직후에 폭락했던 아파트 가격은 2001년 14.55퍼센트, 2002년 22.78퍼센트 상승할 정도였고 2006년에 13.75퍼센트가 상승했다. 이런 기록적인 상승률은 2010년대 후반기에 시작된 부동산 시장의 상승기에도 깨지지 않았다. 아파트 가격이 상승하자 정부에서는 종합부동산세를 신설해 강력한 규제를 펼칠 정도였다. 재건축과 재개발로 전국이 들썩거리며 작은 호재에도 가격이 움직였다.

경기가 좋아지고 수출도 원활하고 자산 시장도 움직이며 뭔가 잘될 듯한 분위기로 이어졌다. 이번에 한국의 잘못은 없었다. 하지만 미국의 금융위기가 전 세계를 덮쳤다.

위기 속
부양책

미국발 금융위기

자급자족을 하지 않는 한 미국의 영향에서 자유로운 국가는 전 세계 어디에도 없다. 특히 한국은 세계 경제의 한 축을 맡고 있다. GDP 순위에서도 2003년 188개국 중 11위를 차지했다. 미국발 금융위기가 있던 시기에는 14위까지 떨어지기도 했지만 2010년대부터는 세계 10위 내로 진입했을 정도다. 단단하게 엮인 세계 경제에서 한국만 동떨어진 생태계를 갖출 수는 없다. 2008년 우리와 전혀 상관없어 보이는 미국 금융위기는 한국에도 큰 여파를 미쳤다.

2008년 원달러 환율은 무려 1,500원대까지 급등했다. 수출기업에게는 수익이 늘어나는 효과가 있었지만 석유 가격이 폭등하니 경제 전반적으로 좋을 리가 없었다. 실물경제는 침체되고 주가는 반토막이 나고 부동산 거래도 사라졌다. 건설사들이 자산 디플레이션으로 인한 자금난을 이기지 못하고 쓰러졌다. 고금리 후순위 채권을 팔고 PF 대출을 하던 수많은 저축은행도 충격을 견디지 못하고 부도를 맞았다. 후순위채권을 구매했던 사람들이 많았기 때문에 저축은행의 부도는 사회 문제로까지 번졌다.

한국은 미국 금융위기를 상대적으로 잘 이겨낸 편이었다. 전 세계 경제가 망가지는 와중에도 한국은 2009년 경제 성장률이 0.8퍼센트를 기록했다. 2008년의 3퍼센트 성장에 비하면 낮았지만 마이너스까지 떨어지지는 않았다. 기저 효과 덕분이지만 2010년에는 6.8퍼센트나 성장하며 한국의 경제는 위기를 벗어났다고 할 수 있다. 2010년대에 한국의 경제 성장률은 2퍼센트 후반을 꾸준히 유지하면서 지금 같은 성장을 이룰 수 있었다.

금융위기 이후 한국 경제를 되살리기 위해 당시 정부는 이른바 '747정책'을 펼쳤다. 7퍼센트 성장, 소득 4만 달러, 세계 7위 경제 대국을 지향하는 정책이었다. 고환율을 지키며 수출 기업의 경쟁력을 키우려고 했다. 추가로 4대강 사업을 추진해서 내수를 진작하려 노력했다. 내수를 살리는 데 가장 확실한 방법이 토목 사업이다. 연관된 분야가 많고 경제적으로 가장 힘든 계층이 노동 소득을 올릴 수 있는 방법이다.

한국은 수출은 잘하고 있었지만 내수는 그다지 피부로 체감되지 않았다. 다음 정부에서도 이를 계승하면서 '초이노믹스'를 발표했다. 당시 최경환 경제 부총리의 '빚내서 집을 사라'라는 모토는 지금까지도 회자된다. IT와 서비스 분야를 육성해서 경제를 성장시키지 못한다는 지적도 있지만 가장 확실한 방법이기도 했다. 역설적으로 이렇게 해놓고선 택지 개발을 더 이상 하지 않겠다는 정책도 함께 펼쳤다.

재개발과 재건축으로 아파트를 신축하면서 가격이 급상승했다. 2008년 금융위기 직전까지 아파트를 비롯한 주택의 가격 상승을 목격한 사람들은 주택 투자로 부자가 되려는 욕망에 사로잡혔다.

재정비촉진사업, 즉 뉴타운 사업이 전국에서 펼쳐졌다. 노후 주택을 부수고 다시 짓는 재건축과 달리 뉴타운 사업은 낙후한 지역 전체를 전부 갈아엎고 기반 시설을 건설하는 대규모 사업이었다. 구도심 내에 신도시가 들어서는 것과 마찬가지였다.

수많은 규제가 나왔지만 아파트 가격은 아랑곳하지 않고 연일 상승했다. 더 이상 참지 못한 30~40대가 자신이 감당할 수 없는 대출을 받아 아파트를 매수하기 시작했다. 금융위기가 터진 후에도 가격은 하락하지 않았다. 가격이 유지되거나 오르기도 했으니 이미 매수한 사람들은 마음이 편했다.

2010년이 되자 드디어 아파트 가격이 하락하기 시작했다. 사람들은 처음에는 대수롭지 않게 생각하고 이자를 내며 버티면 된다고 생각했다.

하우스푸어

시간이 지나도 아파트 가격이 반등하지 못하고 하락세를 이어가자 하우스푸어가 쏟아졌다. 무리하게 받은 대출을 매월 상환해야 하는 부담이 더욱 가중됐다. 대출을 워낙 많이 받은 결과 주택 가격이 하락해서 대출 금액과 비슷해진 사람도 있었다. 누군가는 아파트를 팔아도 대출금을 상환하지 못하는 상황까지 몰렸다. 아파트 가격은 하락하는데 전세가가 상승해서 아파트 매매가보다 비싼 전세가도 나오던 시절이었다.

2000을 넘었던 주가지수는 2007년 금융위기와 함께 892포인트까지 하락했다. 2009년부터 다시 상승하기 시작해서 2011년 다시 2231포인트가 됐다. 2010년대 내내 주가지수는 2000 근처에서 끊임없이 엎치락뒤치락하다 2018년에 2607포인트로 높이 상승했다. 또다시 조금씩 밀리던 주가는 2020년 팬데믹과 함께 1439포인트까지 떨어졌다. 하지만 누구도 예상하지 못했던 반전이 일어나 2020년 4월부터 6월까지 겨우 두 달 만에 3316포인트까지 상승했다.

아파트 시장도 2013년에 바닥을 치고 상승하기 시작했다. 심지어 서울의 아파트는 2021년까지 한 해도 하락 없이 상승을 이어갔다. 2000년대 아파트 시장이 하락과 상승을 반복했다면 2010년대의 아파트 가격 상승은 2013년 이후 상승 일변도였다. 수도권 아파트 가격만 상승한 것이 아니라 전국이 동시에 상승했다는 특징이 있다.

2010년대 중반부터 비트코인으로 대표되는 가상자산으로 돈이 유입되었다. 비트코인은 2020년 6월 1만 달러에서 2021년 4월 8만 달러까지 상승했다. 꽤 많은 사람이 투자해서 벼락부자라는 표현이 맞을 정도로 돈 벌었다는 사람들이 곳곳에 나타났다.

2020년 팬데믹과 함께 전 세계는 경제를 살리기 위해 엄청난 유동성을 시중에 뿌렸다. 개인에게 돈을 주면서 유동성 파티를 즐겼다. 그로 인해 주식, 부동산, 가상자산 등 오르지 않은 자산이 없었다. 이때 동참하지 않은 사람들이 상대적 박탈감에 '벼락거지'라는 표현을 썼다.

자산 시장의 상승과 하락은 국가 경제는 물론이고 전 세계 경제와 밀접한 관련이 있다. 세계 경제는 미국에서 시작된 금융위기로 바닥을 치고 조금씩 조금씩 계속 올라갔다. 큰 위기라고 할 수 있는 것은 없었다. 호황이 온다고 해서 무한정 오르지 않고 불황으로 언젠가는 진입한다. 불황이 오더라도 영원하지 않고 호황으로 다시 들어간다. 이런 사이클은 자본주의 역사가 시작된 이래로 되풀이되었다. 이에 관해 다음 장에서 알아보자.

5부

돌고 도는
경제

인플레이션

경제 성장률

인플레이션은 좋은 것일까, 나쁜 것일까. 인플레이션에 관해 긍정적인 시각보다 부정적인 시각이 조금 더 강하다. 언론에서는 인플레이션을 잡아야 한다는 기사를 내보내곤 한다.

인플레이션은 나쁜 것이 아니라 오히려 좋은 것이다. 정확하게는 '적당한 인플레이션'이 긍정적이다. 자본주의에서 인플레이션은 분명히 필요하다. 우리가 받는 월급은 해마다 오르는 경향이 있다. 내가 일을 잘해서 오르는 면도 분명히 있겠지만 대개는 인플레이션 덕분이다.

인플레이션만큼 월급을 올려주지 않는다면 직원이 다른 회사로 떠날 가능성이 있다. 자신의 월급이 해마다 엄청난 상승폭을 보이지 않는다면 인플레이션만큼 상승했다고 보면 된다. 구매해야 하는 물건 가격이 해마다 10퍼센트 이상 오르는데 내 월급은 3퍼센트밖에 오르지 않는다면 갈수록 살 수 있는 물건이 줄어든다. 대부분 국가의 중앙은행에서 설정한 목표 물가는 2퍼센트다. 2퍼센트 이상 오르면 낮추려고 노력하고 그보다 낮으면 올리려 한다.

인플레이션이 발생하는 이유는 다양하지만 무엇보다 돈이 시중에 흘러넘쳐 생기는 인플레이션이 흔하다. 이런 경우는 중앙은행이 개입해서 시중에 돈을 흡수하며 인플레이션을 저지한다. 다음으로 비용 증가로 발생하는 인플레이션이 있다. 과자 값이 오르거나 석유 가격이 올라서 생기는 현상이다. 이런 경우는 급격한 인플레이션이 발생하지만 일시적인 충격일 뿐 결국 어느 정도 해소된다. 끝으로 임금이 상승하는 인플레이션이다. 임금은 한 번 상승하면 하락하는 경우가 전혀 없다. 가장 치명적이라 할 수 있다.

인플레이션은 경제 성장률과 밀접한 연관이 있다. 경제 성장률이 높은 국가는 인플레이션도 높은 편이다. 경제가 성장한 만큼 인플레이션이 발생한다고 봐도 된다.

경제 성장률을 웃도는 인플레이션이 발생하면 문제가 생긴다. 경제 성장률이 3퍼센트인데 인플레이션이 6퍼센트면 자신의 덩치보다 훨씬 더 큰 짐을 드는 것과 같다. 무리하면 몸이 축나는 것과 마찬가지로 인플레이션은 적당한 선일 때 모두가 행복하다.

월급과 점심 식사

몇 년이 지나도 월급이 그대로라면 즐거운 일은 아니다. 만일 10년이 지나도 월급이 그대로지만 물가도 그대로라면 어떨까. 내 월급 100만 원이 10년이 지나도 그대로지만 밥값 5,000원도 그대로인 것이다. 내 월급이 오르지 않았지만 물가도 그대로니 아무런 불편함이 없다. 당장 살아가는 데 큰 지장이 없더라도 10년 동안 월급이 변하지 않았는데 과연 좋을까. 그렇지 않다.

내 월급 100만 원이 10년이 지나 200만 원이 되고 백반은 5,000원에서 8,000원이 됐다면 어떨까. 내 월급이 올랐으니 내가 열심히 노력한 보상을 받았다고 자평할 만하다. 물가보다 더 상승했으니 더욱 그렇다. 인플레이션은 이와 같이 '내가 잘하고 있다'라고 느끼게 해준다. 인플레이션이 발생하지 않으면 노력을 해도 전혀 보상받지 못한다고 느껴진다. '반드시'라는 표현은 다소 과할지라도 자본주의 사회에서 인플레이션은 필요하다.

정상적인 인플레이션은 국가를 성장시키고 개인을 조금 더 풍요롭게 만들 수 있다. 이와 달리 하이퍼인플레이션, 디플레이션, 스태그플레이션 등이 발생할 때 엄청난 고통이 뒤따른다. '지금 이 순간이 제일 싸다'는 말을 할 때가 하이퍼인플레이션이다. 하이퍼인플레이션에 접어들면 물가가 하도 가파르게 올라 빵 한 조각을 사기 위해 수레에 돈을 한가득 실어서 갔다는 이야기가 나올 정도의 상황이 온다.

디플레이션, 스태그플레이션

디플레이션은 물가가 내려가는 것이라 좋은 현상이라고 생각할 수도 있다. 5,000원 하던 백반이 4,500원, 4,000원으로 내려간다. 좋아 보이지만 결코 그렇지 않다. 가격이 내려가니 기업은 더 이상 물건을 만들어야 할 필요성이 사라진다. 기존에 갖고 있던 재고를 처분하는 것이 낫다. 생산도 서서히 조금씩 하는 것이 유리하다. 이렇게 되면 직원들에게 주는 월급도 줄이거나 직원을 해고할 수밖에 없다. 내가 받는 월급이 줄거나, 내가 해고되었는데 좋을 리가 없다. 이미 이 책에서 다룬 미국 대공황 등에서 어떤 일이 벌어졌는지 충분히 알았으리라 본다.

스태그플레이션은 물가는 상승하는데 경제는 안 좋은 걸 의미한다. 경제가 성장하지 못하니 물가도 오르지 않아야 하는데 오른다. 고통이 가중될 수밖에 없다. 내 월급은 줄어드는데 백반 가격은 오르는 것이니 말이다. 그 반대가 앞서 언급했던 골디락스 경제였다. 골디락스 경제가 나왔던 배경에는 시중에 넘쳤던 저가 제품이 있었다. 중국이 만든 저렴한 물건이 세계에 공급됐기 때문이다. 경제는 좋은 상황이라 물가가 올라야 정상인데 물건 가격이 저렴한 덕분에 받는 월급에 비해 소비재 가격이 저렴했다. 월급은 해마다 오르는데 물가가 오르지 않으니 사람들 대부분이 풍족한 삶을 즐길 수 있게 되었다.

인플레이션은 돈의 가치가 떨어졌다는 의미다. 1,000원이라는 가격은 시간이 지나도 똑같이 1,000원이다. 10년이 지나도 1,000원은 1,000원일 뿐이다. 인플레이션이 발생하면 똑같은 1,000원이라도 돈의 효용성이 떨어진다. 1,000원으로 살 수 있는 물건이 줄어든다. 지금은 1,000원으로 살 수 있는 물건도 인플레이션을 겪으며 언젠가 1,200원에 구입해야 한다. 1,000원으로 살 수 있는 물건이 점점 줄어든다. 이런 식으로 인플레이션은 물건의 가격이 올라가지만 돈의 가치는 떨어지는 것을 뜻한다.

자산 시장은 인플레이션에 맞춰 올라간다. 자산 가격이 올라가는 것은 인플레이션이 발생하기 때문이다. 이를 보통 실질 상승률이라고 표현한다. 자산 가격의 상승률에서 물가 상승률을 차감해야 한다. 자산이 엄청나게 상승한 것처럼 보이지만 실질 상승률로 본다면 결국에는 거의 0퍼센트에 수렴한다. 물가가 상승한 만큼 자산이 오른다는 뜻이다. 인플레이션이 발생한다는 것은 자산 가격이 상승했다는 의미다. 현금이 아닌 자산을 취득해서 보유해야 하는 가장 큰 이유다.

자본주의가 끝나지 않는 한 인플레이션은 필수다. 인플레이션이 발생한다는 것은 돈의 가치가 하락한다는 의미기도 하다. 똑같은 현금을 갖고 있어도 시간이 지날수록 매수할 수 있는 자산은 줄어든다. 돈의 가치가 하락했기에 같은 아파트를 사려고 해도 시간이 지날수록 돈을 더 지불해야 한다. 인플레이션이 안정적으로 유지된다면 자산 가격도 변동이 심하지 않다. 인플레이션이 안정적일 때도 있지만 상승하거나 하락하며 변동할 때도 있다. 인플레이션이 심하게 요동칠 때 호황과 불황이 찾아오고 자산 시장도 함께 움직인다. 인플레이션을 관심 있게 주시하고 관찰해야 하는 이유다. 인플레이션이 과도할 때 위기가 찾아오고, 디플레이션일 때도 위기가 찾아온다.

인플레이션은 반복적으로 춤을 추고 널을 뛴다. 과도한 인플레이션이 자연스럽게 해결되면 좋겠지만 대부분 인위적인 개입이 들어가야만 한다. 바로 그 개입에 관해 알아보자.

금리

돈의 가격

금리는 돈의 사용 가격을 총칭해서 일컫는 말이다. 이를 비율로 표시하면 이자율이나 수익률, 할인률이다. 이자율은 돈을 빌리거나 빌려 쓸 때 사용한 비용이다. 수익률은 부동산이나 주식에 투자해서 얻는 돈이다. 할인률은 돈을 사용하는 대가로 원금보다 할인해서 받는 것이다. 간단히 말해 금리는 돈의 가격이다.

돈의 액수 자체는 변함이 없지만 금리에 따라 가치는 변한다. 금리가 높으면 돈의 가치가 올라간다. 금리가 낮으면 돈의 가치는 내려간다. 금리에 따라 돈의 가치가 변하면서 자산 시장이 움직인다. 자본주의에서 금리는 중력이다. 지구에 존재하는 것은 전부 중력의 영향을 받는다. 중력이 적당히 작동하기 때문에 우리는 지구에서 땅을 딛고 살아갈 수 있다. 중력이 너무 세면 제대로 걷지도 못한다. 중력이 약하면 발이 땅 위에 뜰 것이다. 금리도 똑같은 역할을 한다.

은행에 돈을 맡기면 2퍼센트 이자를 준다. 부동산 투자를 했을 때 임대 수익률로 5퍼센트를 받을 수 있다. 은행보다는 부동산 투자하는 것이 유리하다. 금리가 올라 3퍼센트가 된다면 사람들은 고민하게 된다. 임대 수익률 5퍼센트를 받기 위해서는 여러 가지 비용과 내 노동이 들어가야 한다. 세금도 내야 하고 임차인의 요구도 처리해야 한다. 임대 수익률이 5퍼센트라고 하지만 실질적인 세후수익률은 이보다 떨어진다. 은행에 넣는 돈은 세금을 제외해야겠지만 내가 들이는 노력은 하나도 없다.

이제 금리가 4퍼센트가 된다면 아무 노력도 없이 받을 수 있는 이자가 임대 수익률에 비해 1퍼센트 정도 작지만 훨씬 매력적이다. 만약에 금리가 6퍼센트가 된다면 대부분 사람들은 자산에 돈을 넣는 것보다는 은행에 넣는 것이 훨씬 더 이득이다. 아무런 걱정 없이 돈을 벌 수 있다. 이런 상황에서 부동산에 돈을 넣는 것은 그다지 좋은 선택이 아니다. 대부분 개발도상국에서는 부동산을 취득하거나 주식투자를 하는 것은 매력적이지 않다.

부동산

2000년대 초반까지는 한국에서 굳이 부동산이나 주식투자를 해야 할 메리트는 없었다. 사람들은 이런 하소연을 자주 한다. 우리 부모님이 그때 강남에 있는 아파트라도 매수하셨다면 좋았을 텐데, 하다못해 서울에 있는 아파트라도 매수하셨어야 하는데. 지금은 그런 한탄이 맞지만 당시를 돌아보면 우리 부모님들은 가장 현명한 행동을 했다. 그만큼 금리가 매력적이었다.

은행에 돈을 넣으면 이자로 10퍼센트를 받았다. 1억 원이라는 현금이 있다면 아파트를 매수하는 것보다는 은행에 넣는 것이 훨씬 더 현명한 행동이었다. 이자를 1,000만 원 받으면 먹고사는 데 지장도 없었다. 돈을 은행에 넣고 이자를 받아서 살 수 있던 시대였다. 대부분 국가에서 자산 시장이 발달하고 성장하는 것은 대출이 가능할 때부터다. 어느 국가든 금융이 발전하기 전까지 개인이 대출을 받기는 어렵다.

보통 개인이 아닌 기업이 대출을 활용한다. 대부분 기업이 대출을 활용할 수 있던 것은 정부 덕분이다. 은행 입장에서 기업은 개인보다는 어느 정도 자격이 검증되었다. 은행도 언제나 빌려줄 돈이 충분한 것은 아니었다. 이럴 때 정부가 외국에서 돈을 빌려와 기업에게 빌려줬다. 은행은 중간 창구 역할을 했을 뿐이다. 한국 대기업이 성장한 배경 중 하나다. 한국 대기업은 창업 초기에 기술이 아닌 토지 가격 상승으로 돈을 벌었다.

금리가 높을 때 위험을 감수하고 부동산 등의 자산을 굳이 취득할 이유가 없다. 이미 살펴본 것처럼 자산의 가격은 상승할 때도 있지만 하락할 때도 있다. 고금리 시절 자산 시장이 안 좋은 가장 큰 이유다. 한국도 2000년대 초반까지는 고금리였기 때문에 투자를 해야 할 동인이 하나도 없었다. 은행에 맡기기만 해도 이자가 높아서 먹고사는 데 지장이 없었다. 우리 부모님들은 합리적인 선택을 하셨다. 한 가지 놓친 점은 자본주의에서 인플레이션은 필연이라는 점이었다. 인플레이션은 현금의 가장 큰 적이다.

적당한 인플레이션이 계속 유지되면 좋지만 그렇지 않을 때가 더 많다. 그럴 때마다 인플레이션과 싸우는 기관이 바로 각국 중앙은행이다. 한국에서는 한국은행이 이 역할을 한다.

높은 인플레이션은 돈의 급격한 가치 하락을 뜻한다. 사람들은 현금을 보유하면 가만히 있어도 손해를 보니 자산을 보유하려 한다. 자산을 취득하려는 수요는 많아지지만 공급은 한정되어 있다. 자산 시장으로 돈이 들어오면서 가격이 오르는 이유다. 인플레이션만큼 자산 가격이 오르는 것은 자연스러운 현상이다.

문제는 인플레이션에 비해 자산 가격이 과도하게 오를 때다. 시중에 풀린 돈이 자산 가격을 밀어 올렸다고 봐야 한다. 한국은행은 자산 가격의 상승과 하락만으로 금리를 움직이지는 않는다. 한국은행의 첫 번째 사명은 물가 관리다. 한국은행은 2퍼센트 물가 상승을 목표로 한다. 이를 기준으로 금리를 올리거나 낮춘다. 금리가 낮다는 것은 경제가 좋지 않다는 뜻이다. 금리는 어느 정도 경제 성장률과 연결되기 때문이다. 금리를 낮추면 돈은 이익을 쫓아서 은행에서 탈출한다. 돈은 수익이 나는 곳으로 움직인다.

시중에 돈을 풀어 경제 곳곳에 스며들며 윤기가 돌게 하는 것이 금리 인하의 가장 큰 목적이다. 풀린 돈이 당장 먹고살기 힘든 사람에게는 소비를 진작하는 데 도움이 된다. 금리가 낮으면 대출을 받아도 이자가 싸다. 돈의 가격이 낮아졌으니 자산을 구입하는 데 쓰게 된다. 자산을 사려는 사람이 많아지지만 자산은 한정되어 있다. 풀린 유동성은 자산으로 몰려가면서 자산 가격을 상승시킨다. 상승한 자산 가격은 또다시 사람들을 유혹한다. 자산을 취득하지 않으면 나만 뒤쳐진다는 심정으로 추격매수를 하게 된다.

낮아진 금리로 인해 돈이 풀리면 자산 시장은 물론이고 경제 전반에 걸쳐 물가를 자극한다. 물가가 오르면 다시 안정시키기 위해 금리를 서서히 올린다. 한국은행은 올리고 내릴 때 그 수위를 대개 0.25퍼센트씩 조정한다. 경제가 안 좋을 때는 빠른 속도로 금리를 낮춘다. 경제를 살리기 위해 시중에 돈을 빨리 풀어야 하기 때문이다. 물가를 잡을 때는 경기가 식으면 안 되니 금리를 천천히 올린다. 시중에 있는 돈을 갑자기 회수하면 곳곳에서 문제가 생긴다. 이런 문제를 최소화하기 위해 금리를 천천히 올릴 수밖에 없다.

금리를 올리면 경제에 압박을 주지만 현 상황이 좋다고 볼 수 있다. 경기가 나쁜데 금리를 올리려고 하지는 않는다. 조금씩 올린 금리는 인식하지 못하는 사이에 자산 시장을 서서히 끌어당긴다. 자산 시장이 상승할 때는 사람들의 욕망이 커진다. 욕망이 커질수록 자산 시장의 버블도 불어난다. 불어난 버블이 꺼지면서 하나의 사이클이 마무리된다. 긴 호흡을 갖고 보려면 고금리에서 금리를 내리기 시작할 무렵에 투자를 시작하고 저금리에서 금리를 상승으로 전환될 때 투자를 마무리하면 된다.

금리만으로 경제의 모든 것을 통제할 수는 없다. 바로 환율 때문이다. 기축통화국이 아닌 한국은 환율이 금리만큼이나 중요하다. 환율을 알아보자.

환율의
중요성

─────

금리와 달리 환율은 실생활에서 체감하기 힘들다. 금리가 오르고 내리면 나의 예금 이자율이 달라지거나 대출 금리가 변한다. 이와 달리 환율은 유학을 간 자녀가 있으면 모를까 변화를 체감하기 힘들다. 하지만 사실 수출이 경제에 가장 중요한 비중을 차지하는 한국에서 환율은 금리보다 더 중요할 수도 있다. 환율에 따라 국가의 자산마저도 달라진다. 국내 총생산을 일컫는 GDP를 비롯한 각종 경제 지표는 달러를 기준으로 한다.

1달러가 1,000원으로 고정되어 있다면 상관이 없지만 변동환율제를 쓰는 한국은 수시로 환율이 변한다. 1달러가 1,200원이 되면 GDP를 원화로 계산할 때 높아지게 된다. 마찬가지로 한국 자산이 1억 원에서 1억 1,000만 원으로 올랐어도 환율이 20퍼센트 포인트 하락하면 달러 표시로는 오히려 하락하게 된다.

환율에 따라 요동치는 건 자산만이 아니다. 수출과 수입에서도 무척이나 중요하다. 같은 제품이 환율에 따라 비싸지기도 하지만 저렴해지기도 한다. 기업 입장에서는 수출과 수입에 아주 큰 영향을 미칠 수밖에 없다.

보통 '원·달러'라고 표현하지만 '달러·원'이라는 표현을 써야 조금 더 명확하게 개념이 잡힌다. 기준이 되는 통화가 앞에 있고 변동되는 통화가 뒤에 있어야 변화를 확실히 알게 된다. 환율이 오른다, 떨어진다는 표현은 달러 기준이지 원화가 기준이 아니다. 한국은 외환위기 전까지는 고정 환율을 썼다. 1달러는 1,000원으로 고정했다는 뜻이다. 변동 환율보다는 고정 환율이 조금 더 좋아 보이지만 사실 반대다. 외환위기가 온 이유 중 고정 환율도 한몫을 차지한다.

환율도 수요와 공급에 따라 변한다. 원화를 찾는 곳이 많으면 원화 가격은 하락한다. 원화를 팔려고 하는 곳이 많으면 원화 가격은 상승한다. 여기서 직관적으로 이해하기 어려운 점은 우리가 알고 있는 자산 가격은 찾는 사람이 많을수록 상승하지만 환율은 반대라는 것이다. 가치가 하락하기 때문이다. 달러를 기준으로 생각해야 한다. 1달러를 사는데 1,000원에 교환하는 것과 1,200원에 교환하는 것 중 어떤 것이 더 이득인가. 1,000원에 교환하는 것이 더 이득이다.

변동 환율제

원화의 가치가 떨어지면 가격이 오른다. 원화의 가치가 떨어졌으니 달러를 더 비싼 가격에 사야 한다. 가격이 하락한다는 것은 원화의 가치가 상승했기 때문이다. 핵심은 1달러는 변하지 않고 기준이 된다는 점이다. 원화의 가격만 상승과 하락을 반복할 뿐이다. 이런 상황에서 고정 환율을 유지하기 위해서는 원화 가치가 하락해서 가격이 오를 때 문제다. 1달러에 1,000원을 유지하기 위해서는 달러를 계속 사들여야 한다. 외환위기 당시에는 1,000원을 유지하기 위해 보유한 달러로 계속 방어를 해야 하는데 더 이상 남은 달러가 없었다.

이후 한국은 변동 환율제를 적용하고 있기 때문에 환율이 쉬지 않고 수시로 움직인다. 원화 가치가 하락해서 원화 가격이 상승하면 장단점이 있다. 일단 수출 기업에게 유리하다. 제품을 1개에 1달러에 팔던 기업은 원화로 하면 1,000원을 벌었다. 환율이 오르면 똑같이 1개를 팔아도 달러는 1달러에 팔지만 원화는 1,200원이다. 수출 기업은 이런 식으로 환율에 의해 돈을 번다. 가격 경쟁력을 높이기 위해 0.9센트로 팔아도 이득이다. 이렇게 볼 때 환율이 상승할수록 유리한 것이 아닌가 생각되지만 아니다.

수출이 중요한 만큼 수입도 중요하다. 1달러어치 석유에 1,000원을 지불하다가 환율이 오르면 1,200원이 나간다. 기업 입장에서는 비용 상승을 감당하기 쉽지 않다. 석유를 전량 수입하는 한국에서는 석유 가격이 오르면 엄청난 부담이 기업뿐만 아니라 국가 전체로 퍼진다. 수출 기업도 가격 경쟁력을 얻지만 제품을 생산하기 위한 비용이 전부 올라 결국에는 기업에게는 악재로 돌아간다.

변동 환율제에서는 환율이 무한정으로 상승하지도, 하락하지도 않는다. 환율이 상승해서 수출 기업의 매출이 늘어나면 달러가 유입된다. 달러가 많아지니 원화 가치가 상승하면서 원화 가격이 내려간다. 수출이 잘 되어 달러가 국내에 많이 유입되면 한국은행에서 유동성을 늘리지 않아도 저절로 늘어난다. 실적이 좋은 기업은 수출로 번 달러를 직원에게 인센티브로 지급한다. 이때 달러가 아닌 원화로 지급한다. 달러가 유입된 만큼 국내 유동성이 증가한다. 시중에 돈이 풀리니 인플레이션이 발생한다. 정부에서 돈을 풀지 않았는데도 달러가 국내에 유입된 만큼 유동성이 증가한다.

국력

환율은 그런 면에서 한 국가의 힘과도 연결된다. 한국의 힘이 강할수록 원화 가격은 낮아지고 약할수록 가격이 높아진다. 보통 환율이 상승했던 때가 한국의 힘이 약했을 때다. 가장 큰 이유는 전 세계 누구도 원화를 보유하려 하지 않기 때문이다. 원화를 너도나도 팔려고 하니 원화 가격은 폭락한다. 폭락은 가격 상승을 의미한다. 한국이 위험에 처할 때마다 원화 가격이 상승한다. 달러를 사려면 더 높은 가격을 지불해야 하니 달러가 급속도로 부족해진다. 수입 물가가 폭등해서 인플레이션이 커지면서 생활이 팍팍해진다.

변동 환율제에서는 이런 일이 지속되지 않는다. 하나의 제품으로 버는 수익이 늘어나며 수출 기업의 경쟁력이 향상되고 달러가 들어온다. 들어온 달러로 인해 원화 가격은 점차적으로 안정된다. 달러가 풍족해지면서 원화의 가치는 상승한다. 이런 일이 반복되며 환율은 큰 위기가 아니면 높게 상승하진 않는다. 위기라고 할 수 있었던 외환위기 직후 1998년 1월에 1,527원까지 올랐다. 금융위기 이후 2009년 2월에 1,516원으로 상승했다. 특별한 일이 없다면 보통 1,100원대에서 움직인다. 환율은 안정적으로 움직여야만 한다. 예측 가능 범위 내에서 환율이 변동해야 각 기업은 이를 근거로 원자재를 수입하고 물건을 만들어 가격을 책정한다. 환율은 위기를 눈치챌 수 있는 바로미터라고 할 수 있다. 한국이 위기에 처할 때마다 언제나 환율이 가장 빨리 움직였다. 코로나로 인해 전 세계 경제가 위기에 처할 때 환율이 가장 먼저 반응했다. 2020년 5월에 1,239원까지 상승했다. 전 세계에서 또다시 스태그플레이션 이야기가 돌고 있는 2022년도 같은 상황이 펼쳐졌다. 한국 경제 상황에 딱히 문제가 없더라도 세계에서 가장 강력한 국가인 미국의 상황에 따라 환율이 변할 수 있다. 미국의 경제가 좋지 못하면 한국의 상황과 상관없이 환율이 요동친다. 환율에서 미국의 경제 상황은 한국보다 더 중요할 수도 있다. 왜 그런지 알아보자.

달러와
미국

미국은 2021년 기준 GDP가 약 23조 달러로 2위 일본, 3위 중국, 4위 독일, 5위 인도를 다 합친 것보다 많다. 전 세계 GDP의 25퍼센트를 차지할 정도다. 면적도 러시아, 캐나다에 이어 3위다. 인구도 중국, 인도에 이어 세계 3위다. 1인당 GDP는 7만 6,000달러로 인구 1,000만 명이 넘는 국가 중 1등이다. 세계의 백만장자 중 약 39퍼센트가 미국인이다. 심지어 애플의 시가총액은 코스피 전체 시가총액을 합친 것보다 크

다. 전 세계에서 압도적인 경제 규모를 갖고 있는 미국에는 석유까지 묻혀 있어 2018년에는 세계 1위 산유국이었다.

여러 분야에서 영향력을 발휘하는 미국의 최대 수출품은 달러다. 원화를 사용할 수 있는 국가는 한국뿐이지만 달러는 전 세계 어느 국가에서도 사용할 수 있다. 아프리카에서도 달러는 현지 화폐처럼 쓸 수 있다. 처음부터 달러가 이런 지위였던 것은 아니다. 1944년 미국은 브레턴우즈에서 개최된 회의에서 달러를 금과 태환해서 기축통화로 삼자는 주장을 했다. 브레턴우즈협정으로 미국이 달러 금태환 요청에 응하겠다는 것이었다. 미국이 세계에서 금을 제일 많이 보유하고 있기에 가능했다. 그 결과 1971년 이전까지는 35달러와 금 1온스를 교환해주고 있었다.

월남전이 발발하자 미국은 막대한 전쟁 비용이 필요했다. 미국이 전쟁 비용을 충당하려고 달러를 계속 찍으니 다른 국가들은 찍어낸 달러만큼 금이 있는지 의심했다. 달러를 돌려줄 테니 금을 달라고 여러 국가에서 요청하자 미국의 닉슨 대통령은 달러의 금태환을 중지했다. 결국에는 금본위제를 포기하는 닉슨쇼크로 달러 가치가 폭락했다. 하지만 혼돈의 시기가 끝난 후에도 달러는 여전히 기축통화 지위를 차지했다. 특히 석유를 달러로 결제하기로 한 사우디아라비아와의 합의가 결정적이었다. 석유 거래를 할 때 모든 국가가 달러로 결제하니 기축통화 위치는 더욱 확실해졌다.

기축통화 국가가 된 미국은 달러를 계속 찍어내야 했다. 전 세계에서 무역을 하려면 달러가 필요했다. 전 세계에서 달러를 사용하기 때문에 미국의 적자는 자연스러운 결과가 됐다. 어떤 국가든 갚아야 할 돈이 있으면 재정 건전성을 높이기 위해 노력해야 한다. 미국은 다르다. 기축통화인 달러를 찍어내는 전 세계 유일한 국가이기 때문에 적자를 신경쓰지 않아도 된다.

모든 국가는 무역을 위해 달러를 보유해야 한다. 외환보유고라고 표현하는데 전 세계에서 통용되는 통화는 달러, 유로화, 엔화, 파운드화 등이 있다. 이 중 유일하게 달러를 일정 이상 보유해야만 위기에서 자유로울 수 있다. 한국의 외환위기도 달러가 부족해서 생긴 결과다. 대부분 국가의 위기 상황은 달러가 부족해서 생긴다. 미국이 위험해졌을 때 전 세계경제가 함께 힘들어지는 이유도 달러 때문이다.

통화는 신용이다. 해당 국가에서 보장하지 않으면 아무 쓸모없는 종이 쪼가리에 불과하다. 세계 경제에 위기가 올 때

신용이 가장 확실한 국가의 통화를 갖고 있는 편이 좋다. 한국도 마찬가지다. 경제위기가 왔을 때 미국이 망할 확률과 한국이 망할 확률 중 어떤 쪽이 높냐고 물어보면 누구라도 한국이라고 말할 것이다. 세계에서 가장 막강한 미국의 경제력은 달러의 신용이 된다. 그래서 각국은 위기가 왔을 때마다 달러를 보유하려 한다. 반대로 세계 경제에 위기가 올 때 달러는 미국으로 회귀한다. 흔히 안전자산 회귀 현상으로 불리는 일이다.

안전자산 회귀 현상은 일본의 장기화된 경제 침체의 주요한 원인이기도 했다. 일본에 위기가 올 때마다 안전자산 역할을 하면서 세계에 퍼진 엔화가 다시 일본으로 돌아온다. 여러 기관에서도 위기가 오면 엔화를 보유하려 한다. 위기가 오면 엔화 가치가 내려가야 한다. 그랬다면 수출 상품의 가격 경쟁력이 생기며 수출 호조로 이어졌을 것이다. 전 세계에서 엔화를 보유하려는 수요가 늘어나는 상황이 전개되자 엔화 가치가 내려가기는커녕 위기 전보다 올랐다. 결국 수출 제품의 가격 경쟁력이 생길 틈도 없어 일본은 계속 제자리에 머물고 있는 상황이다.

'미국이 기침을 하면 한국은 감기에 걸린다'라는 말이 있다. 한국은 수출지향국가라 대부분 수출로 먹고산다. 예전에 비해 미국 비중이 작아졌지만 한국에서 미국으로 직접 수출을 하거나 한국에서 중국으로 수출한 후에 중국이 조립해서 미국으로 수출하는 경우도 많다. 미국은 소비 천국이라 전 세계 제품을 전부 흡수한다. 한국에게 미국이 중요할 수밖에 없다.

한국이 아무리 뭔가를 혼자 하려고 해도 미국의 영향을 받을 수밖에 없다. 미국의 금리가 2퍼센트인데 한국의 금리도 2퍼센트라면 어느 국가의 은행에 돈을 넣을 것인가 물어보면 답은 뻔하다. 더 안전한 미국 은행에 돈을 넣는다. 이렇게 되면 한국에 있던 달러가 유출된다. 달러가 한국에서 나가면 원화 약세로 이어져 한국에 위기를 불러일으킬 수 있다. 원화 가격이 오른다는 것은 적당한 선에서 괜찮은 것이지 1,300원 이상 간다면 위험 신호인 이유다. 특별한 이유가 없다면 미국보다 한국의 금리가 높을 수밖에 없다.

미국의 금리 상승은 조만간 경기가 나빠질 것을 의미한다. 경제에 위기감이 피어오르면 자연스럽게 전 세계에 풀린 달러가 미국으로 돌아간다. 채찍을 휘두르면 채찍의 끝으로 갈수록 더욱 크게 요동친다. 한국은 채찍 효과의 끝에 있다. 미국 경기가 안 좋으면 서서히 소비가 줄어든다. 줄어든 소비로 인해 기업은 재고를 줄인다. 미국 기업이 제품을 수주할 이유가 없으니 한국의 기업들은 수출이 줄어든다. 수출이 안 되면 달러가 국내로 들어오지 않는다. 이런 상황에서 국내에 있는 달러는 안전자산을 찾아 미국으로 돌아간다. 환율이 상승하며 한국의 위기가 더욱 가중된다.

한국은 이제 세계 10위에 들어갈 정도로 선진국이다. 세계에 있는 어떤 국가도 미국으로부터 자유롭지 않다. 게다가 안타깝게도 한국은 내수 시장이 크지 않다. 인구가 1억 명은 되어야 수출이 부족해도 내수로 먹고살 수 있다고 한다. 일본이 지난 20년 넘게 힘들었어도 내수가 받쳐준 것처럼 말이다. 한국은 수출로 먹고살 수밖에 없는 구조라 취약한 면도 있지만 무역에 집중한 덕분에 지금과 같은 위치에 오르게 되었다. 이제는 세계 경제의 바로미터 중 하나로 한국의 수출 동향을 살핀다. 한국의 수출이 증가하면 세계 경제가 좋아진다는 신호로 받아들인다. 한국이 이런 경제 구조를 갖고 있다 보니 한국 경제는 미국의 경제 상황에 더욱 민감하게 반응한다. 이런 표현은 다소 과할 수 있지만 한국 경제를 전망하려면 한국의 경제 지표보다 미국의 경제 지표를 보는 것이 훨씬 더 확실하다. 미국 상황이 좋으면 한국의 모든 경제지표가 시차를 두고 좋아지고 미국의 경제가 나빠지면 한국 경제도 하락한다. 미국으로부터 자유로운 국가는 하나도 없지만 한국이 더욱 그렇다는 점을 유념하고 주시해야 한다.

6부

어떻게
될 것인가

부동산의
미래

연속 상승

지금까지 이런 적은 단 한 번도 없었다. 2010년대 중반과 후반에 걸친 부동산 시장 이야기다. KB부동산 통계가 발표된 1986년 이후로 전국 주택 매매 가격이 전년 대비 9년 연속 상승만 한 적은 없었다. 하지만 2013년이 되자 2021년까지 단 한 해도 빠짐없이 주택 가격이 상승했다. 2005년부터 2011년까지 7년 동안 상승한 이후 최대다. 서울 소재 아파트로 좁혀도 2014년부터 2021년까지 8년 연속 상승 중이다.

서울 소재 아파트는 1999년부터 2003년까지 5년 연속 상승한 적은 있다. 2010년대에 국내 주택 가격이 이토록 상승하니 전 국민이 부동산에 관심을 갖는 건 당연했다.

무한정 상승하는 자산 시장은 없다는 것이 지금까지 지켜본 결과다. 주택 가격은 외환위기 직후였던 1998년에 12.37퍼센트가 하락하며 가장 큰 낙폭을 기록했다. 이를 제외하면 1992년도 4.97퍼센트 하락이 가장 컸다. 전국적으로 주택 가격은 생각보다 하락폭이 그다지 크지 않다. 서울 소재 아파트로 다시 좁히면 외환위기를 제외하고 2010년부터 2013년까지 4년 연속으로 하락했다. 하락은 상승 후에 언제나 찾아오는 자연의 섭리와도 같다.

상승장이 언제까지 갈지는 어느 누구도 알 수 없다. 다만 하락장이 온다는 것은 하늘에 태양이 지면 달이 뜨는 것과 같이 시기의 문제다. 현재 한국은 출생자가 2021년 약 26만 명이고 사망자는 약 31만 7,000명이다. 2020년 5,183만 6,000여 명을 정점으로 인구는 점점 줄고 있다. 지난 하락장에도 인구가 줄고 노인 인구가 늘어나면 주택이 필요 없다는 생각이 팽배했다. 일본 사례를 들며 한국도 똑같이 부동산이 폭락할 것이라는 주장이 넘쳤다. 이미 살펴본 것처럼 일본의 사례는 특수한 경우로 봐야 한다. 오랜 기간 부동산뿐만 아니라 국가적으로 인플레이션이 발생하지 않은 결과물이다. 가격이 폭락했는데도 지속적으로 주택 공급을 이어온 영향도 있었다.

한국 주택은 아직까지 외환위기를 제외하면 가격이 폭락한 적도 없고 주택 공급이 넘친 적도 없다. 언제나 가격이 하락하면 공급을 중단해서 가격이 상승할 계기를 만들었다. 그리고 가격 상승 말기에 대규모 공급 정책을 발표했다. 가격 하락 시기에 공교롭게도 예정된 물량이 시장에 나오면서 하락을 더욱 채찍질했다. 안타깝게도 실거주자는 언제나 하락기에는 주택 구매에 관심을 갖지 않고 상승기 중반 이후부터 매수한다. 경기 사이클이 반복된다는 걸 알았다면 하지 않았을 행동이다.

부동산에 관심을 갖고 주택을 매수하려는 연령층은 30대부터다. 20대까지는 경제와 투자에 관한 관심이 크지 않다. 그래서 부동산 시장에 막 진입한 사람들은 이전에 어떤 일이 벌어졌는지 전혀 알지 못하는 상태에서 주택 구입을 알아본다. 대체로 상승 말미에 30대가 가장 많이 참여하는 이유기도 하다. 40대라고 딱히 다를 것은 없다. 부동산 가격이 상승과 하락을 반복하는 것은 1년이라는 짧은 기간이 아니다. 최소 10년은 되어야 하는 장기 사이클이다. 작년 기억도 가물

가물한데 10년 전에 벌어진 일을 되새김질을 하며 대처할 사람은 극히 드물다.

서울 아파트

이번 부동산 상승장이 2000년대 상승장과 다른 점은 서울에 관한 인식이다. 사람들이 서울 주택을 로망처럼 인식한다는 점이다. 정확히는 서울에 있는 아파트와 아파트가 될 주택을 향한 로망이라 할 수 있다.

서울에 있는 주택이라고 해서 입지가 어느 곳이나 다 좋은 것도 아니다. 그럼에도 불구하고 서울에 있는 아파트 가격이 다른 지역 아파트 가격에 비해서 지속적으로 상승했다. 무려 9년 동안 상승을 했으니 서울 아파트는 무조건 오른다는 인식이 생겼다. 다른 지역에 비해 많이 비싸긴 해도 서울에 있는 아파트 하나를 보유하면 든든할 것이라 믿는다. 이런 믿음이 서울 소재 아파트 가격을 상승시킨 이유 중 하나다.

서울 소재 아파트는 투자자가 가격을 상승시키는 시장이 결코 아니다. 실수요자가 참여하는 시장이다. 상급지로 이동하려는 사람이나 타 지역에서 서울로 이사하려는 사람이 매수한다. 서울에 있는 대학교에 합격한 자녀와 함께 살기 위해 재건축 예정 아파트를 매수하는 경우도 있다. 특별한 일이 없다면 서울 아파트에는 앞으로도 수많은 수요자가 있다. 가격이 오르고 내릴 수는 있어도 인구가 줄어드는 것과는 큰 연관성은 없을 확률이 높다.

서울뿐만 아니라 전 세계적으로 메가시티가 갈수록 비대해지는 경향이 있다. 서울 신축 아파트는 수요가 풍부하다. 구축 아파트와 빌라도 재개발 사업과 재건축 사업을 통해 신축 아파트로 재탄생할 것이다. 특히 중앙 정부와 서울시에서 적극 추진하는 모아타운과 신속통합기획 등도 주목할 만하다.

2040 서울시 도시 계획

서울은 약 1,000만 명이 거주하는 메가시티라서 도시 계획을 세울 때마다 다른 도시에 미치는 파급 효과가 크다. 서울에서 추진하는 도시 계획을 다른 도시에서도 각자 사정에 맞게 수정하며 따라 한다.

최근 발표한 '2040 서울시 도시 계획'에 따르면 서울에 있는 수많은 하천인 한강을 필두로 권역 하천, 지류 하천, 소하천을 이용해서 수변 테라스 카페, 수변 쉼터, 공연 무대를 마련하려 한다. 미국의 허드슨강 리틀아일랜드처럼 공연장과 행사장은 물론이고 정원까지 있는 명소를 조성한다. 여기에 지천 주변으로 주택을 활성화해 편의성을 높이려 추진 중이다. 신림1 재정비촉진지구가 대표적이다. 또한 기존과 달리 규제와 용적률을 완화해서 복합용도로 사용할 수 있도록 검토 중이다. 기존 주거 시설은 35층 이하, 상업복합 시설은 50층 이하로 건축하던 틀을 넘어 '비욘드 조닝(Beyond Zoning)'으로 다양한 층수의 건물 설계가 가능할 것이다. 동일 용적률이라고 해도 다채로운 스카이라인을 형성하면 미관상 아름다움을 추구할 수 있다. 또한 지상철을 지하화해서 단절됐던 공간을 연결하고 지상에 데크를 설치해서 상업 시설을 조성할 것이다.

서울의 고질적인 교통 문제 해결을 위해 자율주행 자동차와 버스를 교통 신호와 연결해서 막힘없이 이동할 수 있게 만든다. 서울시는 드론으로 이동할 수 있는 UAM(Urban Air Mobility) 터미널을 서울 주요 거점에 설치해서 이용할 수 있게 추진 중이다. 이곳은 공중, 지상, 지하를 통하는 3차원 물류 체계로써 일상생활을 더 편리하게 만들 것이다.

그중에서도 핵심은 '보행 일상권'이라 할 수 있다. 주거지와 상업지가 명확하게 구분된 지금의 도시 체계를 변모시켜

주거와 업무와 여가를 동시에 누릴 수 있는 도시 체계를 완성할 키워드다.

재택근무가 활성화되면서 출퇴근 시간이 줄어들고 거주 공간에서 많은 것을 하는 시대로 변했다. 보행 일상권 개념은 서울 곳곳을 업무와 쇼핑과 여가를 한꺼번에 할 수 있는 용도로 변경한다. 강남, 광화문 등으로 출퇴근하지 않아도 지역별로 거점이 생길 것이다. 지역 기반 일자리를 조성해 집에서 직장까지 걸어서 30분 내로 갈 수 있게 만든다. 인구는 2~3만 명 단위로 1~2개 역세권 위주로 구성한다. 7~8개의 공원녹지는 물론이고 수변 공간과 연계해서 다양한 문화도 즐길 수 있다. 서울시가 추진하는 보행 일상권은 경기도의 수원, 성남, 화성 같은 대도시도 따라 할 것이다. 그 후로 광역시는 물론이고 인구 50만 명 이상의 도시에서도 이 방식으로 도시를 발전시킬 것이다.

대도시와 읍·면·리

수도권은 대부분 지역에서 일자리를 찾아 전국에서 온다. 갈수록 이런 현상은 더욱 심화될 듯하다. 서울은 특별시라는 명칭답게 전국의 모든 인재를 끌어들이고 있다. 서울에는 대

기업 본사도 있지만 끊임없이 새로운 기업이 탄생하기 때문이다. 이런 직장이 아니라도 아르바이트로도 어느 정도 먹고살 수 있는 일자리가 있다. 수도권은 인구가 줄어도 부동산 관련해서는 큰 문제가 생기지 않을 듯하다. 인구가 줄어들고 있는 다른 선진국 대도시에서도 이런 현상이 나타나고 있다.

인천, 부산, 대구, 광주, 대전, 울산을 비롯한 광역시도 큰 문제는 없다. 100만 명 이상의 대도시는 주변에 있는 사람들을 끌어모으는 힘이 있다. 서울처럼 블랙홀 정도의 위력은 아니라도 광역시만 해도 기반 시설이 갖춰져 있고 일자리도 어느 정도 보장되어 있다. 핀란드는 인구가 약 555만 명이다. 광역시면 100만 명 이상이 모여 있는 곳으로 국가 단위 인구는 아닐지라도 충분히 경쟁력이 있다.

폭락론자나 부정적인 사람들은 도시가 소멸될 것이라고 한다. 제프리 웨스트의 《스케일》(김영사)이나 에드워드 글레이저의 《도시의 승리》(해냄)와 같은 책을 보면 역사적으로 도시가 소멸되는 경우는 극히 드물다. 한국에 있는 거의 모든 도시도 소멸되지 않고 자생할 수 있다.

안타깝게도 농촌 지역에 있는 읍·면·리에서의 부동산 투자는 조심할 필요가 있다. 물론 읍·면·리라도 정부의 정책과 산업 시설이 생기면서 인구가 늘어나는 곳은 오히려 부동산 투자 측면에서는 기회가 될 수 있다.

현재 부동산 가격이 향후에도 쉼 없이 상승한다는 뜻은 결코 아니다. 사이클은 자본이 들어가는 모든 곳에 동일하게 적용된다. 부동산도 자본에 종속된 자산 중 하나다. 본인 현금만으로 주택을 구입하는 사람은 극히 드물다. 대출을 활용해서 주택을 구입하는 사람들은 갈수록 많아질 것이다. 대부분 국가에서 부동산 시장은 주택 공급과 금융으로 통제한다. 일본 정부의 갑작스러운 대출 규제가 부동산 폭락이 시작된 이유 중 하나였다는 것을 상기하자.

산이 높으면 골이 깊다. 높이 올라갈수록 깊게 추락한다. 부동산 시장도 똑같다. 주택 가격이 상승할수록 조급해지는 마음은 인간의 자연스러운 심리다. 하지만 언제나 상승하는 것은 하락하고, 하락하는 것은 다시 상승한다. 부동산도 이런 사이클을 반복한다는 점을 기억하고 들여다보면 된다.

주식투자
어떻게 할 것인가

한국 주식

주식에 투자하는 방법은 다양하다. 직접 투자하는 방법도 있고, 간접 투자하는 방법도 있다. 한국 주식에 투자하는 방법도 있고 미국 주식에 투자하는 방법도 있다.

투자를 하는 이유는 하나다. 수익을 내기 위해서다. 예전에는 한국 주식에만 투자했지만 이제는 외국에도 직접 투자할 수 있는 길이 열려 있다. 외국 주식투자는 대부분 미국 주식투자라고 할 수 있다. 많은 사람이 미국 주식에 투자를 해야 한다고 말할 정도로 미국 주식의 상승이 꽤 컸다. 하지만 결국 미국이나 한국이나 시장은 상승과 하락을 반복한다는 점은 똑같다.

직접 투자에는 기본적으로 톱다운(Top Down)과 보텀업(Bottom Up) 방식이 있다. 경제 상황을 보고 투자하는 톱다운과 기업에 충실한 보텀업 중 무엇이 더 맞는다고 할 수는 없다. 직접 투자를 위해서는 공부를 해야 한다. 내가 투자하는 기업의 재무제표를 보면서 매출이 증가하고 이익은 잘 나고 있는지 확인해야 한다. 해당 기업이 어떤 분야에 속하고 향후 전망이 어떨지에 관한 부분도 다양한 조사를 통해 알아봐야 한다. 이런 과정을 거쳐 선정한 기업이 반드시 꼭 주가가 상승하는 것도 아니다. 장기적으로 볼 때 상승할 가능성이 클 뿐이다.

현재 한국에 상장된 기업은 약 2,300개 정도 된다. 워런 버핏은 A부터 Z까지 모든 기업의 사업보고서를 읽으며 투자했다. 그 말을 들은 누군가가 양이 너무 많다고 불평하자 "그렇다면 A로 시작하는 기업부터 보면 된다"라고 조언했다. 한국 사례에 적용하면 ㄱ으로 시작하는 기업부터 전부 조사하면 된다는 말이다. 하지만 현실적으로 일반인이 이렇게 하기는 힘들다. 상장된 기업 중 매출과 이익이 정체되거나 하락하는 기업을 제외하면 된다. 이렇게 필터를 적용하면 상장된 기업에서 최소 50퍼센트는 안 봐도 된다.

한국의 대표 기업이자 시가총액 1위인 삼성전자를 보유한 주주는 무려 약 600만 명이다. 삼성전자 우선주를 보유한 133만 명까지 포함하면 한국인 중 약 20퍼센트가 보유한 기업이다. 대부분 삼성전자가 망하면 한국도 망하는 것이라는 인식이 있을 정도다. 삼성전자는 한국에서는 드물게 분기배당을 한다. 분기마다 배당을 받을 수 있는 기업이라 사람들의 관심이 적어지고 주가가 하락할 때마다 매수하는 것도 좋은 방법이다.

삼성전자를 비롯해서 코스피 200에 해당하는 기업 중 몇몇 기업을 꾸준히 매수하는 것도 좋다. 코스피 200은 상장기업 중에 시가총액 기준으로 200위까지를 의미한다. 한국에서 시가총액 200위 안이라면 실적이 탄탄하고 향후 전망도 좋다는 의미다. 대부분 기업명만 들어도 알 수 있다. 코스피 200에 해당하는 기업만 잘 분석해서 실적은 괜찮은데 주가가 하락할 때 해당 기업을 매수한 후에 기다리면 된다. 더 이상 할 것도 없고 기다리기만 하면 된다. 말이 쉬울 뿐이지 다시 상승할 때까지 인내하는 것은 생각보다 어렵다.

주식에 직접 투자하는 것은 가장 확실한 방법이지만 기업에 관해 아무것도 모르고 투자하는 사람이 많다. 내가 투자하는 기업이 어떤 분야에서 무엇으로 돈을 벌어 매출과 이익을 내는지도 모르고 소중한 내 돈을 넣는다. 이건 투자라기보다는 투기다. 직접 투자를 한다면 해당 기업을 연구하는 노력이 쌓였을 때 시간이 지날수록 투자 수익이 올라갈 것이다.

ETF

직접 투자를 위해서는 꽤 많은 시간을 투자해서 기업을 분석해야 한다. 이런 노력을 한다고 꼭 수익으로 보답받는 것도 아니다. 특히 한국은 수출지향 국가이기 때문에 한국 기업은 세계 경제가 영향을 많이 받는다. 특히나 채찍 효과 끝단에 있는 한국의 경제 구조상 기업의 실적은 세계 경제의 상황에 따라 춤을 춘다.

기업을 하나하나 따져서 공부할 시간도 없고 직접 투자는 심장이 떨려 힘들다고 생각하는 사람은 간접 투자를 하면 된다. 이미 언급한 코스피 200에 해당하는 기업을 전부 투자하는 인덱스 펀드나 ETF에 돈을 넣으면 된다. 이런 투자 상품의 가장 큰 장점은 저렴한 수수료이다. 내가 가입한 상품이 수익을 내든 손해가 나든 금융회사에서는 어김없이 수수료를 가져간다. 수수료가 저렴한 상품에 가입해야 하는 가장 큰 이유다.

과거와 달리 이제는 ETF도 매우 세분화되었다. 예전에는 기껏해야 코스피 200을 묶은 ETF가 전부였다. 지금은 다양한 분야를 묶은 ETF가 거래되고 있다. 반도체 ETF, 삼성그룹 ETF처럼 다양하다.

직접 기업을 분석해서 투자하는 것보다 자신이 괜찮다고 생각하는 분야의 ETF에 투자하는 것이 좋을 수 있다. 주가는 해당 분야 기업이 다 함께 상승하는 경우가 많다. 해당 분야에 속한 모든 기업을 전부 매수하는 것과 똑같은 효과를 볼 수 있는 것이 ETF다.

매수

시장은 사이클을 타고 상승과 하락을 반복할 테니 하락했을 때 오히려 기회라고 여기고 매수하면 된다. 문제는 지금이 하락기인지 상승기인지를 정확히 알기가 힘들다는 점이다. 이럴 때는 매수 타이밍을 맞추려 하지 말고 평균 매입 단가 효과를 이용하면 좋다. 적금을 하는 것처럼 매월 꾸준히 적립하는 것이다. 예를 들어 코스피 200에 해당하는 ETF를 매월 적금처럼 매수한다. 이 매수 방법을 하락장에 시작하면 수익을 낼 수 있다. 상승장 끝 무렵에 시작하면 저렴해질수록 매수할 수 있는 수량이 늘어난다.

싸면 쌀수록 같은 금액으로 더 많이 살 수 있다. 적금할 때 몇 개월로 하지 않듯 3년이나 5년 동안 적금한다고 생각하고 매월 매수하면 된다. 평균 매입 단가 효과로 고점에서 매수를 시작해서 저점이 되어도 계속 매수해서 다시 고점이 되면 수익이 커진다.

예를 들어 1만 원으로 10개를 매수한 주식의 가격이 떨어지면 1만 원으로 13개도 살 수 있다. 만약 100만 원으로 한 번에 매수했다면 1,000개밖에 사지 못했을 주식을 오래 나눠서 사면 1,300개를 살 수 있다. 이를 한 주에 1,000원에 매도하면 30만 원 차이가 난다. 이런 식으로 수량이 늘어나 이익을 내는 구조다.

개별 기업 투자는 신중하게 조사하고 노력을 많이 요한다. 자신이 조금 더 수익에 욕심이 있고 시간을 들여 기업을 분석해서 돈을 벌겠다면 직접 투자를 하면 된다. 그럴 자신은 없지만 한국에 있는 좋은 기업이 시간이 지나면 실적이 상승하면서 주가도 함께 올라갈 것이라고 생각한다면 간접 투자인 ETF로 꾸준히 모아가면 된다. 시간이 걸릴 뿐이지 경기의 상승과 하락 사이클에 맞춰 주가도 함께 오르고 내리고를 반복하며 자산이 쌓이고 수익이 커질 것이다.

미국 주식

한국 주식에 투자하는 게 꺼려지는 사람은 미국 주식에 투자해도 된다. 미국은 현재 전 세계에서 가장 덩치가 크고 경제도 잘나가는 국가다.

미국 기업은 한국에 비해 구조와 운영이 투명하고 주주친화적이다. 한국 기업은 이익을 주주에게 제대로 나눠주지 않는 경우도 많지만 미국 기업은 매월 배당하는 곳도 있고, 자사주를 매입해서 소각하며 기업 가치를 올리기도 한다. 지난 10년 동안 장기 우상향한 미국 기업에 관한 사람들의 믿음과 신뢰도 큰 편이다. 대체로 기술주 위주의 나스닥에 상장된 기업이긴 해도 말이다.

2022년 5월 나스닥은 연초 대비 20퍼센트가 하락했다. 공식적으로 약세장이다. 30퍼센트가 하락하면 경기 침체에 해당한다. 나스닥에 상장한 미국 기업의 실적이 워낙 좋기도

했지만 역설적으로 전 세계를 휩쓴 팬데믹의 영향이 컸다. 많은 사람이 야외 활동을 억누르고 실내 활동에 집중했다. 회사에도 출근하지 못하고 재택근무 위주로 일했다. 이로 인해 뜻하지 않게 '줌(Zoom)'이라는 프로그램을 엄청나게 많이 이용했다. 재택근무를 하면서 장시간 대화하고 회의를 할 수 있는 프로그램으로 각광을 받았다. 덕분에 줌을 만든 회사의 주가는 코로나 전인 2019년 12월 주당 70달러 정도에서 2020년 11월에 470달러까지 치솟았다가 2022년 5월에 100달러 정도로 하락했다.

코로나로 나스닥에 상장된 기업 대부분이 IT 기업이라 실적도 좋았고 전망도 밝았다. 코로나가 어느 정도 진정되자 사람들이 야외활동을 본격적으로 즐기면서 IT 관련 기업의 실적은 예전만 못했다. 이미 많은 사람이 IT 관련 기자재를 구입했기에 한동안 지출을 하지 않을 것이라는 예측도 된다. 그런 이유로 나스닥에 상장된 기업의 실적이 부정적으로 발표되면서 주가가 연일 하락했다. 한국은 주가가 하루 동안 상승하거나 하락할 수 있는 최대 폭이 30퍼센트지만 미국은 그런 제한이 없다. 단 며칠 만에 기업의 주가가 엉망진창이 될 정도로 하락할 수 있는 시장이 미국이다.

애플, 마이크로소프트, 아마존, 테슬라, 엔비디아 등 미국뿐만 아니라 한국에서도 기업 이름을 알 정도로 유명한 기업이 수두룩한 곳이 미국 시장이다. 이런 기업은 지난 몇 년간 하락을 해도 고작 몇 퍼센트였다. 기다리면 상승한다는 믿음을 줬던 가장 큰 이유다.

이 책에서 지금까지 사이클이 있다는 걸 계속 강조했다. 기업도 똑같다. 단 한 해도 빼놓지 않고 잘나가는 경우는 극히 드물다. 마찬가지로 주가도 실적과 상관없이 상승과 하락을 반복한다. 기업의 실적과 주가가 금방 상승하지 못할지라도 우량 기업을 매수하고 기다린다면 좋은 결실을 기대할 수 있다.

미국 ETF

앞서 개별 기업을 분석해서 투자할 자신이 없다면 ETF 투자를 하라고 권유했다. 미국도 똑같다. 미국 기업에 투자하는 사람 중에 보고서와 재무제표까지 읽고 투자하는 사람은 드물다. 유명 기업이라는 점만 보고 투자한 경우가 대다수다. 한국 기업의 분석도 힘든데 영어로 되어 있는 미국 기업에 투자하는 건 쉽지 않기 때문이다.

미국에는 한국의 코스피 200에 해당하는 S&P500이 있다. 미국에 상장된 500개 기업을 모은 ETF다. 미국 시장에서 직접 S&P500 ETF에 투자해도 되고 한국에 상장된 관련 ETF에 투자해도 된다.

QQQ는 나스닥 100을 모은 ETF다. 우리가 알고 있는 모든 나스닥 기업에 전부 투자한다. 개별 기업에 투자하기 힘들고 귀찮다면 QQQ와 같은 ETF가 좋은 대안이다.

조금 더 공격적으로 투자를 하고 싶다면 TQQQ라는 ETF도 있다. TQQQ는 QQQ와 똑같이 나스닥100을 추종하지만 레버리지를 3배나 쓴다. 한마디로 나스닥 주가가 오르면 TQQQ는 3배 오르고, 나스닥 주가가 하락하면 TQQQ는 3배 하락한다. 상승장에는 수익이 커지지만 하락장에서는 손해가 훨씬 더 커진다. 미국 주식 시장이 엄청나게 하락할 때가 온다면 10년에서 20년 정도를 보고 적립식으로 매수하는 것도 괜찮을 듯하다.

한국이나 미국에 상장된 기업에 투자하는 것은 자본주의 사회에서는 거의 필수다. 이를 위해 일확천금을 기대하지 말고 꾸준히 적금이나 예금 대신에 한다는 개념으로 접근해서 적립하면 좋다.

다시 이야기하자면 적립식 투자는 경제의 사이클을 이용하는 투자 방법이다. 큰돈이 아니더라도 매월 몇십만 원이라도 적립식으로 꾸준히 투자한다면 시간이 지나 쌓인 돈이 당신에게 행복을 안겨줄 것이다.

블록체인과
함께하는 세상

비트코인

블록체인을 기반으로 한 신기술이 비트코인과 이더리움 등
으로 다가왔다. 블록체인이란 개인과 개인이 직접 파일을 공
유하는 P2P 방식으로 여러 데이터를 체인 형태로 묶어 블록
을 구성한 후 해시(Hash)를 이용하는 것을 말한다. 여러 블록
이 체인으로 연결되어 다수의 사람이 이를 복사하고 분산해
서 저장할 수 있어 중앙집권화에서 벗어날 수 있다. 여러 사
람에게 기록된 대상이 똑같이 전송되어 쉽게 위조·변조를

할 수 없는 장점이 있다.

블록체인과 비트코인은 사토시 나카모토라는 가명을 쓴 사람이 만들었다. 사토시 나카모토는 비트코인에 P2P 운영 방식을 적용하기 위해 블록체인을 개발했다.

사토시 나카모토는 2008년 10월 비트코인 백서를 작성한 후 2009년 1월에 비트코인을 개발하여 생성했다. 비트코인은 개인 식별 정보가 필요 없어 익명성이 보장되지만 거래를 할 때 IP를 남겨 거래 내역은 전부 공개된다. 비트코인은 채굴 총량이 정해져 있다. 자신의 컴퓨터를 이용해서 금을 캐는 것처럼 알고리즘을 통해 채굴한다. 비트코인에는 희소성과 더불어 최초의 암호화폐라는 상징성까지 있다.

이더리움과 알트코인

이더리움은 2015년 7월 비탈릭 부테린이 만들었다. 이더가 암호화폐고 이더리움은 플랫폼이지만 구분 없이 사용한다. 비탈릭 부테린은 하나의 암호화폐가 하나의 블록체인에만 거래되던 비트코인의 한계를 극복하고 여러 암호화폐를 하나의 블록체인에서 거래할 수 있는 이더리움을 만들었다. 비트코인의 폐쇄성 대신 오픈소스로 개발해서 개방성과 활용성이 장점이다. 스마트 계약이라는 기술을 활용해서 블록체인 기반으로 금융 거래, 부동산 계약처럼 다양한 계약을 할 수 있다.

비트코인을 제외한 코인을 알트코인이라 부른다. 비트코인의 기능을 개선한 새로운 코인이다. 수많은 코인이 세상에 나왔지만 이 모든 알트코인의 거래 규모를 다 합쳐야 비트코인의 거래 규모와 비슷할 정도로 비트코인의 비중은 막대하다. 비트코인이 확장성 등에서 한계가 있기에 이더리움을 비롯한 알트코인이 계속 개발되고 있다. 비트코인의 소스 코드가 인터넷에 공개되었기에 가능한 일이다.

비트코인을 비롯한 많은 코인에 어떤 가치가 있는지에 관해서는 여전히 논쟁 중이다. '아무런 가치도 없는 쓰레기'라는 표현부터 '새로운 기술로 인류 발전을 불러일으킬 혁신'이라는 전망까지 다양하다. 코인은 국가에 의해 모든 것이 통제되는 폐쇄성을 거부하는 저항의 성격이 강했다. 기존 국가 중심 통제의 대안으로 탄생한 코인도 어느덧 10주년이 지났다. 지금은 아이러니하게도 코인의 불안정성을 피하려고 달러에 코인의 가격을 연동해서 움직이게 만들었다. 심지어 미국 연방준비제도가 정한 금리에 따라 코인의 가격이 움직인다.

코인의 가치 유무와 상관없이 중요한 것은 현재 거래가 되고 있다는 점이다. 가치라는 다소 모호한 개념은 이제 중요하지 않다. 거래가 된다는 것은 누군가 코인을 가지려면 돈으로 지불해야 한다는 뜻이다. 내게 수석은 아무런 의미도 가치도 없다. 그냥 준다고 해도 가질 생각이 하나도 없다. 수석을 전문적으로 수집하는 사람들에게는 그렇지 않다. 남들이 보지 못하는 자신만의 가치를 부여한다. 가치를 알아주는 사람들 사이에서 수석은 엄청난 고가로 거래된다. 자본주의 사회에서는 물물교환이 아닌 화폐로 거래된다. 현재 코인도 그런 상황이다.

코인의 가치에 관한 부정적인 인식은 코인업계 스스로 자초한 면이 있다. 일본 시바견을 마스코트로 사용하는 도지코인은 인터넷 밈으로 활용되던 이미지를 농담 삼아 코인으로 만들겠다는 계획이 실현된 결과였다. 도지코인은 무제한으로 발행할 수 있다. 테슬라 CEO인 일론 머스크가 자신의 트위터에 도지코인에 관심을 표명하고 매수하면서 가격이 상승했다. 실생활에서 아무런 기능도 없는 도지코인은 가치 논란을 더욱 부채질했다.

더 큰 도화선이 된 사건은 루나 사태다. 루나는 테라 가격 안정화를 위해 만든 토큰이다. 테라는 스테이블 코인이다. 대부분 암호화폐는 가격 변동성이 크다. 워낙 변동성이 커서 1시간 만에 몇 배까지 오르고 떨어지기도 한다. 이런 변동성을 줄이기 위해 법정 화폐와 연동하는 코인을 스테이블 코인이라고 한다. 테라는 달러와 연동된다. 1달러에 맞게 가격이 움직여야 하는데 가격이 하락하면 테라의 안정화를 위해 루나가 발행되어 테라의 유통량을 흡수한다.

루나는 한국인이 만든 코인이다. 20퍼센트의 이자도 코인으로 지급한다고 홍보하며 사람들의 관심을 끌었다. 루나를 유동화한 토큰 'bLUNA'를 담보로 스테이블코인 UST를 대출하고 이를 예치하면서 준비금을 갖고 있어야 한다. 그런데 갑자기 UST가 대량으로 시장에 풀렸다. 급격한 공급량에 1달러에 1UST인 UST가격이 0.3달러까지 떨어졌다. 이와 함께 테라 블록체인 생태계가 무너졌다. 이런 상황이 펼쳐지자 너도나도 매도에 나서며 루나는 모든 거래소에서 거래가 중지되고 실질적으로 상장폐지가 되었다. 이런 코인 관련 사건은 사람들에게 이런 의구심을 갖게 만들었다.

'코인은 투기판이다, 돈 넣고 돈 먹는 도박판과 다를 것이

무엇인가.'

도박장에서는 도박을 하는 사람이 아닌 도박장이 돈이 번다는 것처럼 코인 거래소만 돈을 버는 것이 아닌가 의구심을 표하는 사람도 있다. 이미 말한 것처럼 지금은 우후죽순처럼 생기는 코인 중에 옥석을 가려야 하는 시기다.

어떤 코인이 마지막까지 살아남을지는 누구도 모른다. 이미 코인이 거래되고 있고 대부분 국가에서도 현실을 인정하고 제도권으로 끌어들이려고 노력하고 있다. 엘살바도르는 현재 비트코인을 법정화폐로 채택할 정도다.

NFT

코인 자체가 현실 세계에서 쓸 일이 없다는 지적도 있지만 그 점은 게임도 마찬가지다. 게임도 가상 세계이지만 수많은 게임업계 종사자가 일을 하고 소득을 올리고 있다. 게임 산업이 발전하며 과거에는 없던 새로운 직업이 생겼고 파생 산업도 생겼다.

최근 코인은 NFT라는 키워드를 만나 새로운 산업으로 진화할 양상을 보이고 있다. NFT는 Non-Fungible Token의 약자로 대체 불가능한 토큰이라는 뜻이다. 주로 이더리움을 활용한 기술이다. NFT는 모든 기록이 블록체인에 기록되어 진품 여부를 감정할 수 있다.

NFT는 현재 많은 산업과 연결되고 있다. 게임회사를 비롯해서 연예기획사는 물론이고 미술과 같은 예술 분야에서도 NFT를 활용한 비즈니스를 활발히 개발하고 자신들의 비전이라고 발표하고 있다.

NFT와 비슷한 원리로 만들어진 '디파이(DeFi)'라는 탈중앙화된 금융 서비스가 있다. 은행 같은 금융기관을 통하지 않고 거래할 수 있는 금융 거래 방식이다. 디파이는 자신이 누군지 입증하지 않아도 중앙은행 없이 금융을 거래할 수 있다. 모든 것이 블록체인에 기록되어 있기 때문이다. 예를 들어 지금은 내 돈을 맡긴 은행이 사라지면 내 돈이 거기 있었다는 사실을 증명할 방법이 없다. 디파이는 특정 은행에 속한 것이 아니라서 어떤 상황이 와도 내 돈을 찾을 수 있다.

NFT가 주목받은 계기는 역시나 디지털 예술 작가인 비플의 작품 〈매일 : 첫 5,000일〉이 크리스티 경매에서 무려 6,930만 달러에 팔린 덕분이다. 이후 수많은 작품이 상상할 수 없는 가격에 거래되었다. 너도나도 작품을 만들어 이더리움이나 솔라나로 발행하니 수많은 사람이 높은 가격에 샀다.

가격이 상승만 한 것은 아니었다. 시나 에스타비(Sina Estavi)
는 트위터 창업자 잭 도시가 처음으로 올린 트윗을 290만 달
러에 구입했다가 다시 경매에 내놨는데 6,800달러가 최고 입
찰가격이라 경매를 취소했다. 거래는 성사되지 않았지만 1년
만에 무려 99퍼센트에 달하는 하락이었다.

P2E

현재 많은 회사가 NFT를 접목한 사업을 준비 중이다. 가장
대표적인 분야는 엔터테인먼트와 게임이다. 엔터테인먼트
회사는 아이돌의 NFT를 발행해 팬을 위한 굿즈로 판매하거
나 제공하려고 한다.

이미 게이머는 게임이라는 가상의 공간에서 자신의 노력
이나 현금으로 아이템을 구입하고 있다. 하지만 지금 시스템
에서는 열심히 노력해서 키운 캐릭터를 팔 수는 없다. P2E에
서는 가능하다. P2E는 Play To Earn의 약자로 돈을 벌 수 있
는 블록체인 게임 시스템이다.

이미 대표적인 P2E게임, 엑시인피니티가 필리핀에서 한
차례 유행했다. 엑시인피니티는 캐릭터를 교배하여 새로운
종을 만드는 게임이다. 이 게임에서 얻은 코인을 게임 내에

서 사용하거나 거래소에서 판매할 수 있다. 팬데믹으로 관광 산업이 타격받은 필리핀 사람들이 이 게임으로 생활비를 해결할 정도였다. 코인 가격이 하락하며 인기가 시들해졌지만 새로운 산업으로 발전할 수 있는 힌트를 줬다.

메타버스

NFT의 궁극적인 지향점은 메타버스이다. 메타버스는 가상을 의미하는 Meta와 세계를 뜻하는 Universe를 합친 단어다. 가상세계라는 뜻이다. 가장 유명한 메타버스 세계관은 스티븐 스틸버그 감독의 영화 〈레디 플레이어 원〉이다. 주인공이 고글을 쓰고 가상의 세계에 들어가 내가 아닌 다른 캐릭터로 그곳에서 살아간다. 굳이 꼭 이렇게 거창하지 않아도 현실 세계를 가상의 공간에 구현해서 우리가 그곳에서 살아갈 수도 있다. 메타버스는 큰 파급력이 있어도 실체는 아직까지 없다. 시간이 지나면서 점차적으로 우리 실생활에도 파고들어올 분야다.

지금까지 설명한 NFT를 통한 새로운 기술은 전부 비트코인과 이더리움 같은 블록체인을 기반으로 한다. 코인은 그 자체로 아직까지 이렇다 할 가치를 창출한다고 하기는 힘들다. 그나마 NFT와 연결되어 이전에는 없던 새로운 모습으로 우리 앞에 나타나지 않을까 한다. IT 버블 당시에 수많은 기업이 나타났고 사라졌다. 그 버블에서 살아남은 기업이 네이버나 페이스북 같은 기업이 되었다. 이번에도 다르지 않으리라고 짐작한다.

블록체인을 기반으로 한 새로운 기술이 시간이 갈수록 발전할 것이다. 어떤 것이 실체를 갖고 나타날지 몰라도 최소한 비트코인과 이더리움을 기반으로 할 것으로 보인다. 비트코인은 희소성과 최초라는 상징성이 있고 이더리움은 NFT와 같은 기술과 접목할 수 있는 확장성이 있다. 그래서 이 두 코인에 꾸준히 관심을 두고 지켜보면서 매수한다면 투자 관점에서 나쁘지 않은 선택이 될 듯하다. 코인을 매수하는 시점은 각자의 판단이고 그 결과 또한 개인의 몫이겠지만.

버블과
공황

버블과 공황 중에 어떤 것이 더 나쁠까? 물으나마나 공황이 훨씬 나쁘다. 나쁜 정도가 아니라 절대로 오면 안 된다. 이미 미국이 대공황에 처했을 때 어떤 일이 벌어졌는지 보았다. 그런 일이 또 일어나는 것은 그 누구도 아닌 나에게 최악이다. 당장 아무것도 하지 않아도 될 정도의 자산이 있다면 모를까 그렇지 않은 대부분 사람에게 공황은 당장 먹고살 생존의 문제가 된다.

205

대공황은 경제가 조금이라도 안 좋아질 기미가 보일 때마다 언급된다. 미국에서 벌어진 대공황은 이미 100년 전 일이 되었다. 그 이후에 수많은 경기 침체가 있었다. 지금까지 살펴본 것처럼 일본의 잃어버린 30년, 미국 금융위기가 미친 영향력은 엄청났다. 한국은 IMF 외환위기 당시 수많은 사람이 직장에서 해고당하고 자산 가격은 폭락했다. 그럼에도 불구하고 이 정도는 경기 침체라고 표현하지 대공황이라고 부르지 않는다. 경기 침체가 이 정도인데 대공황이 온다면 생각조차도 끔찍하다. 미국 대공황 당시 GDP가 30~40퍼센트 줄어들었고 3년 동안 시가총액의 약 89퍼센트가 사라졌다.

확신만큼 위험한 것은 없지만 어지간해서는 공황이 오지 않을 것이라고 본다. 경기 침체는 생각보다 자주 오지만 공황은 사람들이 떠드는 것에 비하면 올 확률이 거의 없다. 미국의 공황 이후 수많은 연구가 이루어졌다. 공황이 어디서 발생했는지에 관해서 정확한 원인은 몰라도 어떤 식으로 풀어내야 하는지에 관해서는 충분히 연구됐다. 경기 침체가 왔을 때 막지 못하면 공황까지 갈 수 있다. 그래서 정부와 중앙은행은 경기 침체 조짐이 오면 대공황 시기를 연구해서 도출한 대응책을 펼친다.

우리는 과거와 다른 금융의 역할과 실물경제를 살리는 방법이 무엇인지 몇 번 경험했다. 매번 지구가 멸망할 것처럼 난리였지만 늘 슬기롭게 잘 헤쳐나갔다. 그때마다 고통을 수반했지만 인류는 늘 발전을 거듭했다.

경기 침체가 오면 경제와 사회에서 가장 취약한 점이 노출된다. 버블에 감춰졌던 것들이 어느 순간 하나도 남김없이 전부 드러난다. 거기서부터 다시 시작해서 실수를 이겨내고 기술이 발전해왔다.

경기 침체를 벗어나기 위해 각국 정부는 많은 노력을 기울인다. 금리를 급격히 내리면서 이자 부담을 없애고 시중에 돈을 풀기 위해 여러 가지 노력을 한다. 코로나 팬데믹 때는 국민에게 직접 돈을 주기도 했다. 이전까지는 국민에게 직접 돈을 준 적은 거의 없었다. 미국의 전 연방준비제도 의장이었던 버냉키는 헬리콥터에서 돈을 뿌려서라도 경제를 살려야 한다고 주장했다. 그만큼 시장에 돈이 돌게 만들어야 경제가 원활하게 회복한다는 뜻이었다. 그때만 해도 국민 개개인에게 돈을 주는 해결책에 관해 설왕설래가 있었다.

시중에 돈이 돈다고 당장 경기가 좋아지는 것은 아니다. 실물경제까지 영향을 미치려면 지속성이 있어야 한다. 하루 벌어 하루 살아가는 사람에게는 오늘 하루의 돈은 오늘 하루를 먹고사는 것으로 끝난다. 이래서는 어떤 미래도 그리지 못하고 돈을 쟁여놓을 틈도 없다.

직장에서 정기적으로 월급을 받는 사람들은 저축도 하면서 조금 더 여유 있게 돈을 쓰기 쉽다. 그 돈이 기업으로 가면 기업은 늘어난 매출로 사업을 확장하기 위해 직원을 더 뽑으며 경제가 성장하고 경기가 좋아진다.

시중에 풀린 돈이 어려운 기업이나 자영업자에게만 가는 것은 결코 아니다. 자산 시장으로도 간다. 이제 막 뭔가를 하려는 벤처 기업 같은 곳에도 간다. 물이 위에서 아래로 흐르듯이 돈이 되는 곳이라면 어디든 흘러간다.

한국처럼 수출 지향 국가는 내수보다는 세계 경제가 좋아야 한다. 전 세계 경제의 바로미터인 한국의 수출이 잘 되면 세계 경제가 회복을 넘어 호황이 된다는 뜻이다. 여기에 발맞춰 국내 경제도 함께 좋아진다.

경제가 좋아지면 자산 시장도 함께 상승한다. 부동산과 주식은 물론이고 최근에는 블록체인 기반 비트코인이나 이더리움 등도 주목을 받았다. 언제나 이런 자산이 가치가 있느냐는 논쟁이 대두되지만 새로운 기술은 늘 그렇게 찾아온다.

시중에 점차 돈이 풀리면서 유동성이 사회 전반으로 퍼진다. 그러다가 또다시 옥석을 가리기 힘들어지는 시절이 온다. 이전에는 없던 새로운 기술이 우리 앞에 나타난다.

버블의 징후

사람들의 관심 밖으로 밀려났던 자산 시장도 서서히 가격이 상승하면 돈을 벌려는 사람들이 하나둘씩 몰려든다. 자산 시장에서 돈을 벌었다는 영웅이 여기저기서 출몰한다. 짧은 시간에 부자가 되었다면서 자동차나 명품으로 과시하며 주변의 부러움을 산다. 많은 사람이 기존에 없던 기술을 만들었다며 스타트업을 차린다. 그중 유니콘 기업으로 도약해서 성공한 사람들이 나타난다.

주변에는 돈을 벌었다는 사람들이 부지기수인데 나만 뒤처지고 벼락거지가 된 느낌이다. 나름 부럽지 않게 월급을 받고 살고 있지만 자신이 초라하게 느껴진다. 주변에서는 이제라도 늦지 않았다고 말한다. 유튜브를 비롯한 여러 매체에서는 단기간에 돈 버는 방법을 알려준다. 돈을 넣으면 금방이라도 부자가 될 것 같다. 가진 돈은 얼마 되지 않는다. 때마침 돈을 빌려준다고 하는 곳들이 눈에 들어온다. 저금리로 돈을 빌리면 투자로 금방 돈을 갚고도 남는다. 안 할 이유를 찾을 수가 없다.

곳곳에서 돈을 달라고 외친다. 돈을 넣으면 돈을 벌 수 있다고 알려준다. 돈 넣고 돈 버는 것이 이처럼 쉬울 때가 없다는 이야기도 한다. 신용대출 받는 것은 문제가 되지 않는다. 투자로 수익을 내면 내 돈 없이도 얼마든지 돈을 번다. 도대체 직장을 다녀야 할 이유를 모르겠다. 소중한 내 시간을 직장이라는 곳에 허투루 쓰는 것 자체가 인생의 낭비다. 모든 시간을 투입해서 분석하고 투자한 결과가 그대로 돈으로 되돌아온다. 이런 생각에 가득 차며 하는 것마다 잘 되니 '내가 미다스의 손이 아닌가' 착각마저 든다.

이렇게 조금만 더 노력하면 나도 경제적 자유를 이루는 것은 시간문제라 확신한다. 수많은 사람이 본업보다는 투잡에 사이드 잡을 하며 투자에 뛰어들어 자산 축적을 노린다. 많은 돈이 자산 시장으로 몰리면서 연일 전고점을 넘으며 가격이 상승한다. 많은 사람이 자산 가격 상승에 관해 이야기를 한다. 커피숍에 모이면 누가 돈을 벌었다는 이야기꽃에 시간 가는 줄 모르고 떠든다. 투자를 하지 않은 나 자신이 초라해지고 인생을 헛살았다는 자괴감이 든다.

또다시 뒤늦게 뛰어드는 사람이 나타난다. 자산 가격이 오르면 사람들은 버블이라는 표현을 한다. '지금 시작하면 늦은 게 아닐까?'라고 생각했던 사람도 쉬지 않고 오르는 자산 가격을 보면서 결국 뛰어든다. 거대한 블랙홀처럼 시중에 있는 돈이 빨려 들어간다. 버블이라는 이야기는 어느 순간 쏙 들어간다. 너도나도 돈을 벌겠다는 일념으로 전력투구한다. 이런 상황이 무한정 지속되는 것은 결코 아니라는 걸 우리는 이제 안다.

평균 회귀의 법칙이다. 오른 것은 떨어지고, 떨어진 것은 오른다. 많이 오르면 오를수록 많이 떨어진다. 워런 버핏은 '남들이 공포에 쌓여 있을 때 탐욕을 가지고, 남들이 탐욕스러울 때 두려워하라'라고 말했다. 우리는 늘 남들이 무서워할 때 함께하지 않으려 하고, 남들이 하고 싶어 미칠 때 덩달아 쫓아간다.

사람들이 버블이라고 할 때 뭔가를 하는 것이 맞다. 대체적으로 진짜 버블은 누구도 버블이라고 주장하지 않는다. 많은 사람이 버블이라고 이야기할 때는 대부분 자산 가격 상승을 이제 막 인식할 때다. 자산 시장에서 버블이라는 표현이 나왔을 때는 버블이라는 표현을 오히려 즐길 필요가 있다.

진짜 버블 상태에는 사람들이 더 이상 버블을 이야기하지 않고 현재 상황을 받아들인다. 사지 못해 안달이지만 내가 가진 돈이 없을 뿐이라고 생각한다. 조금이라도 기회가 된다면 사고 싶어한다.

기회

다시 첫 질문으로 돌아가자. 버블과 공황 중 무엇이 더 나쁠까? 이제 공황은 오기 어려울 테니 경기 침체라는 표현으로 대체한다면, 그래도 당연히 경기 침체가 나쁘다. 버블은 최소한 사람들을 기쁘게 만들고 새로운 기술이 세상에 나오게 한다. 버블이 없다면 사람들은 새로운 기술에 돈을 넣으려 하지 않는다. 새로운 기술이 성공하면 큰돈으로 연결된다. 경기 침체에는 어느 누구도 돈을 넣으려 하지 않는다. 자신의 돈을 지키고 유지하는 데 급급하다. 당장 생존이 가장 급한 상황에서 무리하며 돈을 벌려고 하지 않는다. 경기 침체에 모든 것이 일시 중단되는 가장 큰 이유다.

버블은 그렇지 않다. 자신이 갖고 있는 돈을 아껴서라도 투자하려 한다. 당장 먹고살 돈이 다소 적더라도 괜찮다. 꿈과 희망이 있으니 참고 버틸 수 있다. 많은 돈이 그렇게 유입되며 최소한 발전을 이뤄낸다. 버블과 경기 침체는 둘 다 피할 수 없다. 그 과정에서 지금까지 인류는 계속 발전해왔다. 우리는 로마 시인 호레이스의 말을 기억해야 한다.

"지금 추락하는 것들은 언젠가 다시 제자리를 찾을 것이고, 지금 황금기를 구가하는 것들은 언젠가 추락할 것이다."

역사는 돌고 돈다. 언제나 우리에게 다른 모습을 하고 나타난다. 사람들은 언제나 이번은 다를 것이라며 바라본다. 과거의 역사는 이미 벌어진 일이라 확실히 보인다. 지금 벌어지고 있는 일은 당사자도 잘 모른다. 작년에 어떤 일이 있었는지조차 우리는 잘 기억하지 못한다. 안타깝게도 인간은 과거의 일을 망각한다. 시간이 지나면 또다시 모든 걸 잊고 다시 시작하게 만든다. 스페인 철학자이자 작가인 조지 산타야나의 말로 이 책을 끝맺는다.

"과거를 기억하지 못하는 사람들은 과거의 잘못을 되풀이할 수밖에 없다."

참고문헌

- 염상훈, 《나의 첫 금리 공부》, 원앤원북스, 2019

- 김의경, 《나는 금리로 경제를 읽는다》, 위너스북, 2020

- 양동휴, 《대공황 시대》, 살림, 2009

- 찰스 P. 킨들버거, 박정태 옮김, 《대공황의 세계 1929-1939》, 굿모닝북스, 2018

- 밀턴 프리드먼, 안나 제이콥슨 슈워츠, 양동휴, 나원준 옮김, 《대공황, 1929~1939
  년》, 미지북스, 2010

- 리처드 C. 쿠, 김석중 옮김, 《대침체의 교훈》, 더난출판, 2010

- 에드워드 글레이저, 이진원 옮김, 《도시의 승리》, 해냄출판사, 2021

- 오무라 오지로, 신정원 옮김, 《돈의 흐름으로 읽는 세계사》, 위즈덤하우스, 2018

- 이재범, 김영기, 《부동산의 보이지 않는 진실》, 프레너미, 2016

- 김영기, 이재범, 《부동산 시장 사이클》, 프레너미, 2018

- 마이클 루이스, 김정수 옮김, 《부메랑》, 비즈니스북스, 2012

- 아티프 미안, 아미르 수피, 박기영 옮김, 《빚으로 지은 집》, 열린책들, 2014

- 제프리 웨스트, 이한음 옮김, 《스케일》, 김영사, 2018

- 티머시 가이트너, 김규진, 김지욱, 홍영만 옮김, 《스트레스 테스트》, 인빅투스, 2015

- 얀베 유키오, 홍채훈 옮김, 《일본 경제 30년사》, 에이지21, 2020

- 글렌 굿맨, 박진서 옮김, 《잃지 않는 비트코인》, 잇콘, 2022

- 윤준탁, 《웹 3.0 레볼루션》, 와이즈맵, 2022

- 라구람 G. 라잔, 김민주, 송희령 옮김, 《폴트라인》, 에코리브르, 2011

- 벤 S. 버냉키, 안세민 옮김, 《행동하는 용기》, 까치, 2015

- 홍춘욱, 《환율의 미래》, 에이지21, 2016

- 성소라, 롤프 회퍼, 스콧 맥러플린, 《NFT 레볼루션》, 더퀘스트, 2021

- 홍기훈, 《NFT 미래수업》, 한국경제신문사, 2022

- 김일동, 《NFT는 처음입니다》, 세종서적, 2022

돈의 사이클

초판 1쇄 인쇄 2022년 9월 15일 **초판 1쇄 발행** 2022년 9월 28일

지은이 이재범(핑크팬더)
펴낸이 이승현

편집2 본부장 박태근
MD독자 팀장 최연진
편집 방호준 임경은
디자인 신나은

펴낸곳 ㈜위즈덤하우스 **출판등록** 2000년 5월 23일 제13-1071호
주소 서울특별시 마포구 양화로 19 합정오피스빌딩 17층
전화 02) 2179-5600 **홈페이지** www.wisdomhouse.co.kr

ISBN 979-11-6812-425-7 03320